U0004634

學新加坡人過生活

一本教你了解並學會新加坡人族群融合快樂生活的工具書

圖・文◎但敏

Contents > 目　錄

PART ONE

PART TWO

PART THREE

以「國」為鏡，可以……

統計數字說：新加坡——

國土面積：707.1平方公里(略大於台北縣的三分之一)——很小！

總人口：4,483,900人(台北市的1.7倍)——不多！

人口密度：世界第二(僅次於摩納哥)——好擠！

　　然而，2008年新加坡平均國民所得排名亞洲第一，超越日本，幾近台灣的兩倍。

　　2004年3月，我和當時的男友(現在的老公)，趁著自西班牙回台的轉機之便，匆匆做了一趟「走馬看花新加坡一日遊」。在末編這本書前，其實我對新加坡只剩下「驚鴻一瞥」的零碎回憶：好熱的天氣、滿街「夾腳拖」，以及「人種挺複雜」；但是編輯工作結束後，我真的覺得該再去新加坡好好玩一趟——顯然上次完全錯失了新加坡的菁華！

　　總結而言，新加坡的魅力來自兩方面。

　　其一：多元交融的文化。不同文、不同種，甚至不同宗教的族群，「擠」在一個小島上；換成別的國家，恐怕早就為了爭地盤搶得你死我活，但新加坡各族群卻能融洽相處，結合出獨特的文化色彩。

　　其二：優質的生活環境——不論在硬體方面：住屋、環境綠化、交通等規劃得當；或是軟體方面：對外交通四通八達，對外來者抱友善態度，為新加坡引來大批異國菁英及外商進駐——都讓新加坡連年榮登亞洲最佳生活城市。

　　上述特色絕非一蹴可幾，樣樣都是透過多年前就開始著手的高瞻遠矚計畫，才有今日的成果；讓我們不得不稱道：新加坡政府的眼光及管理，確有其獨到之處。

　　然而這本書中讓我印象最深刻的，其實是新加坡的建國史與其文化中的精神層面：原來新加坡獨立並非自願，而是因為馬來西亞鑑於李光耀聲名太盛，大馬總統之位恐將落入華人之手，硬是在全國大選前，將華人居多

的新加坡切割出去，迫其獨立。

　　獨立之初，新加坡真的是老大的不情願，因為這座小島幾乎沒有什麼資源。但也因為這樣的背景，讓新加坡立國之初就立下「各民族平等」的初衷；島上居民也都能體認：今後除了同舟共濟已別無他途，因而做到上下同心、上行下效，讓新加坡在短短四十幾年內，躍升為亞洲最重要的金融、服務及航運中心。

　　外界對新加坡「嚴刑峻法」的作風始終批評不斷，但其實單靠「嚴法」，並不可能真正達成清明社會的理想；其中還牽涉：立法是否合理、執法是否公正，以及人民是否認同等因素。如果新加坡的「嚴法」確實有效，而且並無民怨積累、官逼民反的狀況，顯然表示人民確實相信政府及公務人員不會「貪贓枉法」，而且大家都有「守秩序」的共識。

　　在新加坡，文化歧異的族群依然能夠和平共處、攜手並進；反觀台灣，即使在同個島上共居的時間早已超過新加坡的「年紀」，卻還有人硬要劃分「芋頭」、「番薯」，吵鬧不休！

　　雖然新加坡政府對言論及媒體的管制，一直為外界所詬病，但新加坡新聞少的是羶色腥，保留的是窺看世界的觀點。台灣號稱「言論自由」，媒體卻以譁眾取寵的企圖綁住自己手腳，寧可捨棄世界大事，不願錯過地方芝麻——而一般大眾也真的「關心」這些僅具「刺激」及「有趣」功能的新聞。這樣日益縮水的「見識」，真教人不得不憂心及感慨！

　　當然新加坡絕非毫無缺點，而且能夠治理好「小國」的方式，並不見得可以原版照抄，直接套用在大小、背景都不一樣的地方。但不可諱言的，新加坡的確定以做為一扇明鏡，映照出同樣以華人文化為主的我們，有哪些缺失再也不能用「民族性格」當做推託的理由了！

　　「見賢思齊」，也正是這一系列「學外國人過生活」叢書的理想吧！

特約主編　陳志民

< 作者序 >

Alah ma！這個讓人又愛又恨的新加坡

第一次到新加坡是在我14歲那年的夏天；當時怎樣也不會想到將來的某一天，我會一個人來到這個當初認為雖井然有序，卻缺乏創意、略顯乏味的國家，開始全新的生活——然而人生就是這樣充滿了不可預期的美好未知。

開始的第一年，不同於其他旅人探訪另一國度常抱持的冒險精神，我在這裡生活，只看見新加坡生活的其中一角，以稍嫌狹隘且單方面的感受，不斷憑藉著以往的台灣經驗，去比較、批判新加坡華人的價值觀，有如盲人摸象一般。所幸在往後的日子裡，隨著工作關係以及生活圈的擴大，開始有機會接觸新加坡的不同面向；慢慢地，我摒除了自我成見，同時也漸漸體會出屬於新加坡的獨特色彩。

這麼小的一個島，這樣一個多種族的國家，新加坡究竟可以創造、激發出什麼樣的火花呢？單就讓人啼笑皆非的新加坡式英文Singlish來說，他們已經創造出屬於自己的次文化語言，聽來猶如台灣國語一般幽默爆笑。

中午用餐時間，新加坡人碰面時會問你：「Makan already?」，這是在問你：「吃飽了沒？」。Makan在馬來話中指吃飯，所以，你可以幽默地回答他：「I eat liao.」(我吃過了)，這可是標準的新式英文。

遇到了驚人、不可思議的事情，他們會大叫：「Alah ma!」(我的媽啊！)馬來話直譯：「真主的母親！」；要不就是：「Wah lau!」，這是福建話：「挖靠！」的意思，同時還會配上誇大的臉部表情。

問你到底可不可以的時候，他們會問：

◆但敏

射手座B型，2006年被風吹來了新加坡，開始生活及工作，驚訝於新加坡的多元彩色文化，並為其與台灣上班族截然不同的生態環境所吸引。從一開始的短期休假計畫，到目前仍舊以新加坡為基地，延續她的Sin life in Fine city。不變的是不斷創新的生活感受，相信只要自信地朝著熱情的方向前進，就是理想的生活。

「Can or not?」(行不行?)

別人取笑他們怕事的時候，他們會說：「對啦對啦！新加坡人就是kia si嘛！」「kia si」在福建話裡是「怕死」的意思。

新加坡人一般的說話方式，除了各路方言如廣東話、福建話、馬來話、印尼話摻雜一堂外，還會配合疑問句或肯定句，加上不勝枚舉的語助詞，如：lah、loh、ah、liao、leh、meh、hah、hor、meh、ar等等，往往在適當情境中，成為畫龍點睛的強力笑點。

絕大多數新加坡人就像天生有個雙語開關似的，平日講新式英語，看到金髮碧眼的觀光客，立刻改成正統英文──不過，正統的程度當然也視個人教育程度不同而有差異。而也正是這些外來的相異文化，一點一滴融入這個小小的聯合國城市，讓新加坡成為如此獨一無二的國家。

世上沒有完美的國家與城市。再健全的社會福利，再高的公民水準及生活品質，再溫文

有理的國民，都還是會有令人詬病的現象與問題。想要真正了解一地的文化歷史背景，必須以同理心去觀看、感受不同狀況背後的故事。

而我，也因為了解了新加坡過去幾十年的動盪與變遷，以及為了達到現今繁榮景象所做的蛻變與犧牲，終於能夠以同理心來接受新加坡與自己成長的家鄉台灣不同之處，以及兩地人民性格想法上的差異；並且開始從各式各樣不同的人、事、物上，發掘出美好的新鮮事，享受每一天的驚喜生活！

不管你是即將要來新加坡旅遊、準備到新加坡讀書工作移民、或是對多種族文化國家感到好奇、甚至根本已經遷居此地開始生活的人，希望藉由我所看到的新加坡面貌，也能讓你感受到這個讓我又愛又恨國家的獨特魅力和美好事物。

但敏

PART ONE

FOOD
學 新 加 坡 人 食

❶ 已調配好可直接販賣的飲品。

❷、❸ 一般看到的都是Ice Cream Uncle，很意外地，在東部新加坡馬來人居多的地區發現Ice Cream Auntie耶！

❹ 馬來風味飲品Bandung drink。

學新加坡人用吃消暑

變化多端的清涼飲品，把新加坡一整年溼熱的氣候變得輕鬆宜人多了。熱了嗎？找點新鮮的消暑飲品去吧！不但選擇多多，鮮豔的色彩，也會帶來度假般的好心情哦！

來到新加坡以後才發現：台灣的夏天與此地相較，真像是小巫見大巫。新加坡四季如夏，平均31度的溼熱氣候，就連在應該「比較涼爽」的11、12月白天出門，都有5分鐘便令人汗流浹背的威力。不禁讓人聯想到伊索寓言中比賽讓路人脫下外套的「北風」和「太陽」，只可惜新加坡的「北風」，往往要到入夜後才會出現。

飲料下肚，從裡涼到外

然而環境造就一切：這個充滿陽光的海島國家，自然有自己的方式，讓人們能夠適度地cool down下來……說穿了，就是用各式冰品飲料，來撫平炎熱太陽下焦躁不安的心情。

新加坡雖然沒有隨處可見的飲料攤販，但不論在購物商場的美食中心、住宅區的小販中心，或是「巴剎」(Pasar：馬來話，市場)等等，到處都看得到各類消暑飲品。除了在台

Ice Cream Uncle：冰淇淋三輪車

由於新加坡政府的街道規劃井然有序，對小販也嚴格管制；走在鬧區，除了捷運站附近有雜誌報攤外，很難看到其他臨時攤販。唯一例外的一種流動攤販，無論在行人川流不息的捷運站出口、整天人潮洶湧的購物商圈烏節路(Orchard Rd.)、洋溢著浪漫氣氛的濱海區域，或者滿是善男信女的武吉士(Bugis)觀音廟一帶，都隨處可見，那就是：冰淇淋三輪車！

不論白天或夜晚，都可以看到這些駕著移動式冰淇淋車的Uncle，到達定點後開始販售冰淇淋。屬於新加坡的特殊吃法，是選擇整片土司或威化餅，像三明治一樣包起自己喜愛口味的冰淇淋塊；這種三明治冰淇淋，看起來很像台灣義美賣的「銅鑼燒冰淇淋」或「冰淇淋餅乾」，但是內容物口味可多囉！像是榴槤、紅豆、芒果、地瓜、玉米、藍莓等等；當然冰淇淋車也販售各種一般超商也有賣的甜筒冰棒。只要1元新幣，Ice Cream Uncle馬上就能為每個在炎炎夏日中需要急速降溫的路人們，提供最清涼可口的滿足！

灣也常見的茶水果汁，以及從台灣來此發揚光大的珍奶系列外，新加坡也有自產的琳瑯滿目冰涼飲品，而且就像這裡的文化一樣五顏六色。

七彩飲品，養生兼消暑

一般中式的薏米水、燕窩水、馬蹄水、仙草汁、酸柑汁、黃梨水(鳳梨蜜餞沖泡而成)，大都以調配好的方式販賣。除了一般新鮮果汁外，巴刹普遍販賣現搾的甘蔗汁，可以選擇原味，或是加了酸梅、金桔的新鮮口味；拜地理環境所賜，現剖椰子也隨處可見，泰國香椰一顆只要1.5元新幣。

另外推薦色彩濃厚的馬來風味飲品：Bandung drink，這是玫瑰糖漿加上煉奶及水所調製成的可愛飲品。雖然一開始可能會被它桃紅色的鮮豔色彩嚇到，但只要喝上一兩次，就會喜歡上它的酸甜口感。製作過程中，先在杯底加入煉乳，再注入有如火龍果般深桃紅色的清澄班丹汁；隨著吸管攪動，杯底的白色煉乳緩緩升起，使得整杯飲料由桃紅漸漸轉成粉紅色，就像一幅美麗的動態水彩畫。混合著煉乳酸甜的幸福口感，讓喝下這一杯班丹汁的人，無論視覺、味覺、心情，都瞬間得到滿足，好像連桃花能量也加成了哨！

❹

①、**②** 印度拉茶。
③ 現剖椰子。

「拉」出印度好口感

新加坡的馬來人或印度人所開設的攤位，普遍販賣拉茶(Teh Tarik)、印度薑茶(Teh Halia)和瑪撒拉茶(Masala Tea)。拉茶是紅茶沖泡後和煉乳混合而成的奶茶，與一般傳統華人喝的奶茶，最大差別在沖泡過程：沖泡的人會反覆將奶茶從一個杯子倒入另外一個杯子，將空氣「拉」入茶裡；除了讓煉乳和紅茶可以混合得更加完全，也讓原本高溫的紅茶降溫，容易入口。一般店家會使用外型類似啤酒杯的稍小塑膠杯裝茶，拉到奶茶表面浮現出厚厚一層泡沫(挺像啤酒上的浮沫)；可愛的造型，光看都覺得很幸福！瑪撒拉茶則由奶茶加印度綜合香料粉調和而成，香料粉種類包括荳蔻粉、黑胡椒粉、肉桂粉、丁香粉、薑粉等等。

這些奶類茶飲中，還有一種叫做「茶奇諾」(Teh Chino)，顧名思義，就是由有創意的印度小販，以卡布奇諾為靈感來源自創發明出來的。它的材料除了茶和煉乳外，還要加上淡奶；所有材料集合在杯中，呈現出有如調酒藝術般的漸層色彩。因為加了更多淡奶和煉乳，所以口感也比拉茶還要濃郁甜蜜，是既怕胖又愛甜食女生的頭號殺手。

南國冰品重要角色：椰奶

讓人無法忽略的椰奶，是新加坡美食文化的重要一員，連夏日冰品裡，也不能沒有它的倩影。在到處都可以看到的甜品攤位，可以發現馬來西亞及新加坡的特色甜品：漿羅冰(Chendol)，這項冰品的材料包括稱為Chendol的綠豆粉條、燕菜條、蜜紅豆，加上剉冰，再淋上椰奶和黑糖水；濃郁的椰奶紅豆香，伴隨著清涼爽口的粉條；溫柔的口感，香甜中帶有層次。近來還流行加入榴槤漿，變成Durian chendol等其他變化口味。

④ Milo Dinosaur。
⑤ Milo Godzilla。
⑥ 「茶奇諾」(Teh Chino)。
⑦ 加了榴槤漿的榴槤漿羅。
⑧ 紅毛榴槤,沒有榴槤的臭味。紅毛榴槤外觀長得像鳳梨釋迦,
　加上山粉圓和酸柑汁,酸酸甜甜的口感,讓沒被它難看外表嚇
　走的人獲得一大驚喜!

就是愛「美祿」

　新加坡人愛喝美祿出了名。根據新加坡朋友的說法,這是因為從小學校運動會裡都有廠商贊助,再加上廣告效應,讓美祿成了一種國民飲料;不知道這跟我們小時候喜歡喝統一蜜豆奶和舒跑,是不是一樣的道理!

　另有多種由美祿變化衍生出來的飲品,像是Milo Godzilla:美祿加上香草口味冰淇淋;Milo Dinosaur:在美祿飲料上面撒下大量美祿粉,加上碎冰攪拌後,因為美祿粉無法溶解均勻而形成塊狀,增添了飲用時的多層次口感;此外還有在牛奶上面加美祿粉的Milo Eruption。

　新加坡式紅豆冰(Ice Kachang)與台灣八寶冰類似。Kachang在馬來語是「豆子」的意思,這款冰品最初是只有紅豆和剉冰的簡單搭配,演變到現在,即使是基本款,也已包含五顏六色的椰果和糖漿:先在底部依個人喜愛放上綠豆粉絲Chendol,加上豆類、粉粿、蘆薈、甜玉米、亞薺子、仙草、燕菜凍等,再堆上如山高的剉冰,分邊淋上各式椰果及糖漿,接下來再加個冰淇淋。種類繁多的配料,讓你可以調配出屬於自己口味的Ice Kachang,簡單的冰品也能變出無限可能;視覺上絕對滿分,至於味覺嘛……就靠個人的組合功力了!

　同樣組合了多種配料的摩摩喳喳,也是新加坡和馬來西亞的代表甜品。內容物包括各式水果丁、西米、用黑糖煮過的芋頭、地瓜丁,還有各式粉粿和碎冰;吃起來清爽酸甜的口感,讓你回味一整個夏天。中式冰品的代表,還有很像港式甜品的「清湯」;是由龍眼乾、白木耳、蓮子、銀杏、紅棗、蜜棗等,慢慢燉煮而成的甜湯;直接加上剉冰,稍稍攪拌,就是清涼退火又健康的夏日飲品。

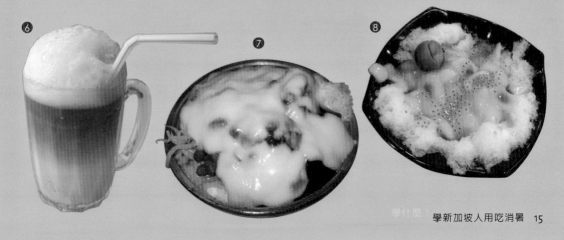

⑥　　　　　⑦　　　　　⑧

❶ 中國城一帶的傳統乾糧中藥舖，也販賣各式涼茶。

❷ 新加坡克拉碼頭旁的小酒館，才到午後就已滿是忙裡偷閒的上班族及遊客；一起來杯啤酒降溫吧！

❸ 人潮擁擠的室內購物區，也會有販賣果汁茶水為主的飲料店。

中藥、啤酒、優格，
統統是降溫大內高手

　　除了上述的基本消暑配方外，因為區域的不同，也另有不同種類的解暑妙方。中國城附近的傳統乾糧中藥舖，販售用各式藥材熬煮的涼茶；像是菊花茶、羅漢果茶、山楂水、洋蔘茶，以及包含菊花、綠茶、棗子、雪果、龍眼、冰糖、葡萄乾、白木耳的八寶茶，既消暑又養生。這些傳統茶飲裝在寶特瓶裡販賣，一瓶自新幣7角到2元不等。

　　到了新加坡河旁的克拉碼頭，滿是異國情調濃厚的小酒館和半開放式酒吧。艷陽高照時該喝什麼？當然是新鮮釀造的生啤酒囉！河畔的小型釀酒廠，提供從濃郁黑麥口味到清新水果甜香的生啤酒；不同風格的各家酒館，也販賣各式進口啤酒。儘管才下午3、4點，遊客或忙裡偷閒的上班族，已經三三兩兩聚集到此地。輕鬆一下，來杯啤酒吧！

　　到了小印度區，就會看到各式口味的Lassi（印度的優格飲品）；有原味、加了鹽的鹹Lassi，以及加了其他水果口味的調味Lassi。對於第一次嘗試的人，建議試試水果口味Lassi：濃郁的果香，和優格發酵後的酸味融合在一起，比原味稍嫌酸濃的口感容易讓人接受。除此之外，在街道上和一般店裡也普遍販售芒果和原味優格；人潮擁擠的週末，路人常隨性在街邊就吃了起來。因為優格需要存放在陰涼處，建議在餐廳裡享用，較有保障。

> 整杯飲料由桃紅漸漸轉成粉紅色，就像一幅美麗的動態水彩畫。混合著煉乳酸甜的幸福口感，讓喝下這一杯班丹汁的人，無論視覺、味覺、心情，都瞬間得到滿足，好像連桃花能量也加成了唷！

Step by Step

學做新加坡式紅豆冰 (Ice Kachang)

Ice kachang的種類變化繁多，售價大致上從新幣1元到5元不等，下面是基本款的紅豆冰：

1 首先在底部加上玉米、紅豆、亞鬘子和彩色洋菜凍。

2 再加上剉冰。

3 然後淋上不同顏色的糖水。

4 在頂部放上煉乳。

5 這碗在小販中心販賣的經濟Ice Kachang，只要1.3元新幣。

6 稍嫌單調嗎？接下來的變化就請隨意囉！

Look Around

一定要試的罐裝飲品

　　新加坡正午的烈陽，常讓我有種錯覺：覺得若是有人膽敢赤手空拳、不撐傘便走在大太陽底下，大概撐不過幾十分鐘，連壯漢也會倒地。所以無論是在路旁的便利商店，或市場的小販中心，都可以看到這些特殊的罐裝飲料。

清熱水

　　外觀傳統，稍嫌老舊的包裝，讓人不禁納悶：這葫蘆裡究竟賣的什麼藥？外罐上並未註明成分，但根據喝過的新加坡朋友說：有時候覺得自己頭暈，快要中暑、感冒時，快快喝上一罐，休息一下；說也奇怪，本來的不適前兆就這樣消失了。既然來到新加坡，熱得冒煙時，是不是該入境隨俗、發揮冒險精神喝上一罐？就讓你自己決定啦！

佳佳涼茶

　　算是新加坡的代表飲品，這是包含了羅漢果、洋蔘、菊花、龍眼等多種成分製成的涼茶。小販中心和便利商店一定有賣，還分成原味、半糖和無糖口味。新加坡氣候炎熱，即使買的是罐裝飲料，小販中心也都會貼心地附上一杯冰塊(像是在台灣南部吃乾麵往往會附湯一樣)；因此未加冰塊之前的新加坡飲料，普遍都會偏甜。

燕窩水

　　不知道是不是「沒魚，蝦也好」的心態，讓人覺得：既然喝不起真的燕窩，就喝燕窩水吧！成分上註明了是燕窩濃縮精華加上木耳和冰糖；不過燕窩理論上不是無色無味嗎？所以這飲料喝起來，其實就和冰糖木耳湯沒什麼兩樣，新加坡人也真妙！不知道是不是心理作用，再加上瓶身也挺可愛的，讓我忍不住也來上一罐。

白花蛇草水

　　這個神奇的飲料，在小販中心普遍都有販售。Uncle熱心地解釋：只要喉嚨感覺不適，或是想解熱的時候，他們都會先在杯子裡放上冰塊和鹽，再倒入像蘇打水或礦泉水一般清淡的蛇草水，讓蛇草水和鹽巴作用，釋放出氣泡來，然後咕嚕咕嚕地暢快喝下。這種像台灣沙士加鹽的喝法，可以緩解感冒或喉嚨痛的不適。Uncle說：「這飲料比較受老年人歡迎，因為年輕人光看這名稱，就覺得含有藥性，比較容易產生排斥心理。」下次喉嚨不適的時候，不妨跟著Uncle復古一下吧！

枇杷蜜

　　這種外表復古趣味十足的飲料，喝起來就像是加了水以後的川貝枇杷膏。原本濃稠的枇杷膏，改以飲料的方式呈現，想要清爽潤喉透心涼的人，來一罐就是了！

① 小販中心的海南雞飯：3元新幣到5元新幣的套餐，包含了海南雞、炒青菜，以及清雞湯一碗。

② 有草蝦、明蝦、螃蟹可另外選配的海鮮肉骨蝦麵。

學新加坡華人將古老口味發揚光大

新加坡的華人飲食文化相當多元化，就像在台灣，小吃也有台菜、客家菜，或是四川、上海等外省菜一樣；因為有來自中國各地的不同移民，自然帶來不同的元素。

在各國料理及東南亞美食匯集的新加坡，如果要問：來到這裡，非得品嘗的特色美食是什麼呢？不用說，當然就屬「海南雞飯」和「肉骨茶」囉！雞飯為什麼叫做「海南」雞飯？肉骨茶為什麼叫「茶」，而不叫做肉骨「湯」？吃歸吃，可別忘了美食背後，還有它深厚的歷史淵源與涵義唷！

鮮滑不膩好滋味：海南雞飯

1965年脫離馬來西亞獨立，至今未滿50歲的新加坡，其早期華人移民多半來自中國沿海地區，如廣東、福建、海南島等地；雖然當初帶入了不少料理元素，但也自其中衍生出許多特屬新加坡華人的傳統料理。「海南雞飯」就是早期由中國海南島移民帶入，如今在新加坡落地生根、發揚光大，成為代表性的國際料理；也是新加坡航空少數選為機上供餐的新加坡當地料理之一。

家喻戶曉的海南雞飯，看似白斬雞加白飯，烹調程序卻比一般料理繁瑣。首先得將香料香蘭葉塞入雞腹中，在煮滾的熱水裡加入蔥、薑及鹽調味，再將整隻雞放入鍋中反覆燙煮、過冷水，直至九分熟，以保有雞肉的鮮嫩與彈性；冰鎮後的雞皮和雞肉之間，形成一層透明膠質，滑而不膩，這樣就完成了油亮的海南雞。

2

調理燉包，讓道地料理輕鬆上桌

一般超市也販售琳瑯滿目的肉骨茶燉包：分成中藥材包，以及將藥材磨成粉、另加入調味料的乾粉包。料理非常方便，煮食時只需加入水、醬油和大蒜調味，搭配自己喜歡的肉排，只要30分鐘，正宗肉骨茶就能快速輕鬆上桌！

「雞飯」也另有一番學問

接下來的「雞飯」，必須使用雞油將大蒜末爆到香脆金黃，加入米飯略炒，再注入先前烹煮的雞湯，燉煮成雞香米飯。最後以辣椒醬和黑醬油為佐料，配上小黃瓜切片或炒芥蘭，附上一碗清雞湯，再依個人喜好，選擇搭配叉燒、燒鴨、滷蛋。油亮的雞飯，配上鮮嫩又富含膠質的海南雞──這是新加坡隨處可吃的國民小吃；每回有親朋好友造訪新加坡，點菜率最高的就是這道海南雞飯。

想吃海南雞飯？從隨處都有的小販中心(Hawker Center)、美食中心裡，一客2元到5元新幣的海南雞套餐；一直到東方文華酒店中一客21元新幣的頂級雞飯，任君選擇。但是新加坡最好吃的海南雞飯究竟在哪兒呢？這可就見仁見智了。

簡單不貴的食補：肉骨茶

另一種新加坡的國民小吃「肉骨茶」，也是由早期中國移民所留傳下來。這個原屬勞工階層的庶民小吃，有個令人心酸的由來：早期遠赴南洋工作的勞工，由於長期在溼熱環境下工作，消耗大量體力，但又買不起高級藥材進補，於是藉由容易取得的中藥香料及祖傳祕方，製成簡單進補的湯品，之後成為現在風靡東南亞的「肉骨茶」。

「肉骨茶」是由中藥加香料(包括八角、茴香、桂皮、丁香、大蒜、枸杞子、白胡椒)，加上豬肉排，以黑醬油及未去皮大蒜調味，長時間燉煮出來的湯品。燉到鬆滑軟嫩、很容易入口的豬排肉，加上濃郁的肉骨湯，再撒點香菜，以黑醬油及辣椒蒜蓉醬油為佐料，搭配白飯或沾著油條配食。

> 吃歸吃，可別忘了美食背後，還有它深厚的歷史淵源與涵義！

肉骨茶根本不是「茶」

肉骨「茶」不具任何茶葉成分，只因早期人們習慣搭配清茶食用，以去除豬肉的油膩感，因而取名為「肉骨茶」。

和台灣人較清淡的飲食習慣不同，不少新加坡人習慣在早上吃肉骨茶，因而許多巴剎(Pasar，馬來語：市場)都有固定只賣早市的肉骨茶攤位，以及一般從清晨營業到凌晨的專賣店。

肉骨茶也分為口味較重、湯色略濃的「福建肉骨茶」；以及胡椒口味、湯色清淡的「海南肉骨茶」。其他配菜，像是滷豬腳、香菇、酸菜、豆腐之類，五花八門、應有盡有。不喜歡濃郁中藥胡椒味的，也可以嘗試「肉骨蝦麵」：除了用傳統肉骨茶香料為基底，另外還加入鮮蝦熬製的湯頭，更是多了一份鮮味。有機會來到新加坡，千萬別忘了嘗嘗這款道地小吃。

海鮮好鮮，沒吃肯定後悔！

來到新加坡這個四面環海的小島，海鮮當然非吃不可。提到新加坡特有的辣椒和胡椒螃蟹，一般店家用的是斯里蘭卡進口的硬殼蟹，肉質豐厚甜美。最受歡迎的辣椒螃蟹做法，是先將螃蟹加辣椒翻炒，再加入其他香料調味爛煮，最後加入打散的蛋汁和檸檬汁，再調製出酸辣、滑順、濃稠的橘紅色醬汁，搭配白飯或用麵包沾裹品嘗。這種口味讓人欲罷不能，連最後一滴醬汁都不願放過。

還有另外一道名菜代表：魔鬼魚(Sting Ray)，俗稱魟魚。想當初，我對它的認識大概只停留在水族館參觀的階段，萬萬沒想到這種怪魚也能化身美味，端上餐桌。這道魚先經過燒烤，再加上特製的參巴辣椒醬，最後在鮮嫩的魔鬼魚上擠上檸檬汁提味。處理過後幾乎完全無刺的魔鬼魚，就算最怕麻煩、最嫌惡魚刺的老饕，也抗拒不了它的魅力。

「新」式中華小吃

① 咖哩雞麵。將濃濃的馬鈴薯咖哩湯汁，加入煮好的麵和雞肉裡，再加上豆腐皮；光是用咖哩雞湯沾麵包就很對胃口。

② 三鮮河粉。

③ 炸魚片湯。有一般魚片和炸魚片可選擇；再依照喜好選擇麵條，通常加的是粗米粉。最特別的是：加牛奶不加價；滑順的魚湯加上牛奶，沒想到意外地順口！

④ 在台灣，「三寶飯」裡有燒雞、油雞、叉燒；在新加坡連滷蛋和小菜也算進去，成了五寶；不同的是採用了海南雞飯的雞飯。

⑤ 炒蘿蔔糕：和台灣的港式蘿蔔糕不同，新加坡的蘿蔔糕吃不到蘿蔔絲，而是加了蛋一起下去炒；還分成一般的白蘿蔔糕，和加了黑醬油膏的黑蘿蔔糕。炒粿條：加了臘腸、蛤，以及黑醬油和其他調味料下去快炒；和福建麵一樣，是一項普及的國民小吃。二者在小販中心的小吃中，都普遍受到觀光客的歡迎。

⑥ 高記釀豆腐：綜合了各種豆腐和魚漿的組合。

⑦ 新加坡小吃絕不可少的3種調味料：參巴辣椒醬、辣椒醬油，以及青辣椒白醋，這是大部分小販攤位前都會擺放的。

學新加坡華人將古老口味發揚光大

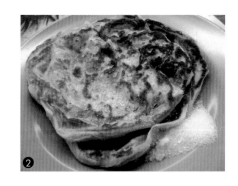

❶ 一般印度餐廳都會在上菜之前,先附上一盤印度炸豆餅,和蝦片有些類似,不過較硬較薄。照片中還有馬薩拉雞肉和咖哩羊肉,以及服務生會自動添加的綜合蔬菜。

❷ 沾著砂糖一起吃的Prata。

❸ 貼在印度烘爐中烘烤的Naan。

學新加坡人 享受印度美食

印度菜可分為:生產稻米,以米飯為主食的南印度料理;以及生產大麥,以烤餅類為主食的北印度料理。當然二者均不可或缺的,就是豐富的香料調味。

新加坡籍的印度人,約占新加坡本地人口的10%,這還不包括從印度、孟加拉、尼泊爾,或其他地方到新加坡來工作的白領或藍領勞工。為供應他們的飲食需求,新加坡隨處可見高檔印度餐廳或小販中心的印度料理攤位。

南北印度「餅」不同, 新加坡人也很講究

百年前成為印度和中國貿易中繼站的新加坡,其早期印度移民大多來自南印度,所以一般可以在小販中心找到的印度料理,也以南印度料理居多,其中最具代表性的就是印度煎餅(Roti Prata)。通常販賣印度煎餅的店面,大多為南印度口味,因此並不會同時販售代表北印度料理的印度烤餅(Naan)。

走進熟食中心,一般印度小販所販賣的印度料理,不外乎各種不同香料烹煮的肉類及蔬菜咖哩,還有色彩鮮豔的紅色酸乳酪

Naan自點自做新體驗

小印度區有不少半開放式的印度餐廳，雖不像一般有空調的餐廳那樣講究氣氛，但隨性的開放空間，可以讓食客清楚看到Naan和烤雞的製作烘烤過程。

當時來到這間半開放式的北印度餐廳，半開玩笑地問起員工：「是不是可以讓我自己做個Naan看看？」沒想到隨性的員工還真的順口答應，立刻教起躍躍欲試的我來製作自己點的Naan！

1. 將事先做好的Naan麵糰放在平台上，用指尖輕推成圓餅狀，再將麵糰平放在手掌上，左右手交換拋甩。
2. 越甩越大，到約巴掌大小以後，進入高難度動作：用手指指尖拋甩，甩到兩個巴掌大，然後再將它貼在高溫的傳統烘爐內烘烤。

烤雞(Tandoori chinken)。主食的部分，則因南北料理不同而有明顯差異：南印度口味的店家，有各種口味的印度煎餅(Roti Prata)，以及另一種加了內餡，變化較多的印度煎餅(Mutabak)和印度薄餅(Dosai)，這些都是搭配咖哩食用的；北印度口味的攤位，則多販賣各式口味的印度烤餅(Naan)，以及南北印度料理都有的印度炒飯(Briyani)。

選上幾道口味不同的咖哩，配上印度餅沾食，大約5元新幣，就可以輕鬆享受一頓道地的印度料理。不過，加了大量印度酥油及香料的印度料理，熱量可不低！但既然有這些色、香、味俱全的美食當前，減肥、養生等等目標，還是先放一邊吧！

邊看邊用手指點菜

不常吃印度菜的人，看到種類繁多的印度菜，往往感到眼花撩亂，真不知道從何點起。

並不是所有菜單上都會清楚標出照片及使用材料，而每間餐廳又都有引以為自豪的菜色，到底要怎麼點，才吃得到重點和具代表性的料理呢？

以位於小印度區的一家北印度開放式餐廳為例：就像台灣的自助餐廳一樣，可以看到架上放著各式不同印度香料烹煮的肉類及蔬菜咖哩。由於老闆是巴基斯坦人，信仰伊斯蘭教，所以除了沒有豬肉料理外，各式羊肉、牛肉、雞肉以及魚肉料理，種類繁多；老闆推薦的是採用獨家香料製成的牛肉咖哩。

在此非吃不可的還有印度烤餅Naan，是用麵粉和印度酥油(Ghee)做成的主食。將搓揉發酵過的麵團，放進印度烤爐中，大火烘烤3到5分鐘即成。Naan的口感像麻糬麵包一樣有嚼勁，除了什麼都不加的基本口味外，一般最受歡迎的是加了起司和大蒜的Naan，另外還有馬鈴薯Naan、芝麻Naan、洋蔥Naan等等。

① 巴基斯坦老闆開的北印度餐廳；兩三片不同口味的Naan，加上一道咖哩和酸乳酪烤雞，再點杯印度拉茶(Teh Tarik)或優格(Lassi)，就是一頓簡單道地的印度風味餐。

② 廣泛運用於印度料理的酥油Ghee。

③ 酸乳酪烤雞(Tandoori Chicken)。

④ 附上的飯是用印度酥油(Ghee)炒過的Briyani。

基本套餐＝餅＋咖哩＋烤雞＋茶

　　加了酥油的炒飯Briyani，也是印度主食之一，其配菜除了以各式香料製成的印度咖哩是基本材料以外，再加上以果實種子香料製成馬薩拉(Masala)辣紅醬調味的馬薩拉豆(Channa Masala)，以及塗上酸乳酪入窯烘烤的酸乳酪烤雞(Tandoori Chicken)，這樣算是基本的菜色。若是去骨的酸乳酪烤雞則稱為Chicken Tikka，「Tikka」在北印度語即為「去骨」的意思。另外還有印度炸蔬菜(Pakori)和包入馬薩拉豆的印度炸餃子(Samosa)，也是廣受歡迎的菜色。

　　一般是先看看基本的菜色介紹，再挑選一兩片不同口味的Naan，然後看著透明櫥窗內的選擇，搭配一兩道蔬菜及肉類咖哩，最後配上一道酸乳酪烤雞，來杯印度拉茶(Teh Tarik)或加了印度香料的馬薩拉茶(Teh Masala)，就可以輕鬆體驗一頓簡單又道地的印度餐囉！

Step by Step

1 事先製作好的Prata麵糰。

2 為了增加鬆軟酥脆度,會反覆地搓揉甩麵糰。

3 首先用手指將麵糰壓平。

4 開始用雙手在平台上甩薄麵糰。

5 麵皮夠大了以後,加入客人喜好所選擇的配料,如雞蛋、洋蔥等。

6 將外層餅皮內翻,包成四角形,再放上鐵板煎至金黃。

7 完成了!原味Prata可以搭配咖哩醬汁沾食,不過也有沾砂糖的吃法哦!

印度煎餅(Prata)在小販中心隨處可見;這種用酥油及麵粉所做成的圓形薄餅,無論當早餐或宵夜都大有人氣,口感跟台灣的蔥油餅頗為類似。原味Prata是圓形的,可以搭配咖哩醬汁,或是撒上砂糖變成甜食;另外還有加上起司、洋蔥、雞蛋,甚至加了巧克力、香蕉做成甜點的組合,但有加餡料的形狀則是方的。整個製作過程,通常在開放式的小攤販裡都可以直接看到。

店家會用事先揉好的麵糰反覆在平台上搓揉拋甩,將圓圓的麵糰甩成薄薄一片,攤開來放在平台上,把客人喜好的配料均勻加在中間,再將外圍的餅皮內翻包起餡料,放到加有酥油預熱好的鐵板上,反覆煎至酥脆金黃;點了份印度煎餅就好似看了一場甩餅秀一樣。

Prata在東南亞是普通的小吃,店家也不侷限於印度人。第一次跟新加坡朋友去吃Prata的時候,朋友點了一份Prata–Kosong,聽起來像「可頌」,當時以為這是加了什麼新成分的特殊Prata——原來Kosong在馬來文代表「空」的意思,Prata–Kosong就是什麼都不加的「原味」啦!

> 到了印度餐廳，不妨洗個手，入境隨俗，
> 體驗一下新加坡印度人用右手吃飯的習慣
> (注意：一定只能用右手，因為在他們的
> 文化裡，左手是專事處理不潔之物的)。

專人自動加飯

除了依照菜單點菜的印度餐廳，也有些印度餐廳是免費供應印度炒飯(Briyani)和小菜的，因此在此只需選擇主菜，之後服務生會拿著裝了飯和小菜的銅製容器，替客人加飯加小菜。在小販中心吃印度菜時，通常也有依自己喜好挑選主菜，再選擇搭配的米飯或餅類，然後店家另外附上小菜的自助點餐方式。有機會到印度餐館用餐時，可以直接詢問點餐方式，或請店家推薦料理，通常印度老闆都是非常熱心的。

另外有一家印度餐廳，是以香蕉葉取代盤子盛裝飯菜，這裡也像自助餐廳一樣，在透明的玻璃架上擺滿了各式各樣的咖哩；看菜單看到眼花撩亂，無法下決定的人，可以到櫃前看實物挑選。點選完主菜後，服務生會拿著盛著飯菜的銅盤，幫客人把飯和基本小菜加在香蕉葉上。這家規模較大的印度餐廳，提供在新加坡可見的大部分南北印度料理，菜單上也細心標示出人氣推薦菜色。

天生餐具最環保

到了印度餐廳，不妨洗個手，入境隨俗，體驗一下新加坡印度人用右手吃飯的習慣(注意：一定只能用右手，因為在他們的文化裡，左手是專事處理不潔之物的)。

小心別抓得滿手都是，這可是有技巧的唷！新加坡的印度朋友熱心地解釋：抓飯時所用的是食指、中指和拇指。先用這3指的指尖抓飯，抓到後，手指要朝上，將飯放在食指和中指之間，以拇指指背推送入口；運用如此的技巧吃飯，才不會吃得滿手都是。不過吃完飯後，務必抱持隨遇而安的心態，因為你會發現：採用眾多香料烹煮而成的印度菜，殘留在手指上的顏色，可不是這麼容易清洗掉的耶！

Look Around

方圓七彩的印度甜點

　　來一趟小印度，可以發現不少販賣五顏六色糕點的印度點心舖；通常印度餐廳內也會有這樣一個櫥窗，擺放著圓的方的、乾的濕的，各式各樣的印度甜點。雖然印度甜點普遍甜度偏高，口味不見得適合華人，但嘗試一下這新奇的滋味，倒也是趟有趣的味覺探險。

❶ 黃色方形的印度甜點，這是用麵粉、酥油及糖做成的甜點。

❷ 琳瑯滿目的印度甜品，挑戰你的視覺和味覺。

❸ 這種造型可愛，油炸而成的甜點，是外國人最容易接受的印度甜點之一。

❹ 這種用麵粉、薑粉做的麴球點心，硬度相當高，老闆還開玩笑說：沒牙齒的人不可以吃哦！

❺ 就是以大量砂糖及椰子粉做成糖塊，再加上色彩鮮豔的食用色素，就成了這種印度糖果。

Look Around

新加坡人想吃印度菜，不需要大費周章跑到小印度區找餐廳，因為隨處都有的小販中心，以及住宅區樓下的飲食店，都一定會有印度料理。一般小販中心及店面的印度料理，分為以印度烤餅Naan搭配各式咖哩為主的北印度攤位，還有以賣印度煎餅Roti Prata，印度薄餅Dosai、Thosai、Cappatti，以及各式咖哩為主的南印度攤位；兩種攤位賣的菜色不盡相同。

賣Naan的地方通常不會賣Roti Prata，賣Prata的地方通常也沒有販賣Naan，因為兩者的製作過程及所需設備並不相同。Prata需要在鐵板上快煎，Naan則是貼在傳統窯內烘烤。又因為印度人的信仰大多為印度教及回教，印度教不吃牛肉，而回教不吃豬肉，這些禁忌當然影響印度菜的食材，所以肉類料理基本上以雞、羊、海鮮為主。

在新加坡就能吃到經典印度小吃

① 印度餐廳的宣傳單，介紹各種經典菜色。

② Roti John：Roti在印地語(印度官方語言)裡代表「麵包」的意思，這種印度式漢堡，是在類似法國麵包的漢堡內，加入蛋、起司、雞肉或羊肉，在鐵板上煎烤而成。

③ 印度蝦餅(Vadai)，長得像麵包的蝦餅，每個新幣6角。

④ 印度囉喏(Indian Rojak)：和加入大量新鮮蔬果的馬來囉喏有所不同。印度囉喏有蝦餅、豆腐、甜不辣等各類魚漿類製品，類似台灣的鹹酥雞；先選擇自己喜愛的食材，然後放入熱鍋油炸，再加上洋蔥、黃瓜等生菜，配上很像沙爹醬的紅色囉喏醬沾食。

⑤ 採用Prata麵糰，變化出來的甜點Tissue Prata；淋上巧克力醬及糖霜，還有草莓、香蕉、煉乳各種口味，吃的時候像薄餅一樣用手扳開，沾著糖漿一起吃。

⑥ 加了豌豆、蘑菇、玉米、起司的Pizza Mutabak。

⑦ 印度煎餅Mutabak，像是加了更多內餡的加大版Prata；可選擇羊肉、雞肉、沙丁魚、蔬菜為內餡，搭配咖哩醬汁一起吃，

⑧ 南印小販的羊肉湯(Kambing Soup)：不但沒有羊羶味，而且經過長時間燉煮後，羊肉鬆軟，湯頭清爽。

⑨ Mutton Chop：和Chicken Chop類似，但換成了印度方式料理的羊肉。

⑩ 印度餐廳的胡椒螃蟹。

① 位於商業中心區的小販中心「老巴刹」，有著無論觀光客或本地人都喜歡的「沙爹街」。
② 包含雞、羊、蝦、牛的兩人份沙爹。
③ 在小販攤位上的椰漿飯包：第一次看到的人，還真不知道這葫蘆裡賣的是什麼藥哩！

學新加坡人吃南洋料理

多元的馬來風格小吃，有如在晴空下徜徉搖曳的棕櫚樹，帶了一股濃濃的南洋味，讓新加坡的飲食文化變得更加豐富有趣。

占新加坡當地人口14%的馬來人，在回教的宗教信仰下，除了堅持嚴格的烹飪規則外，平日所使用的香料及調味，也和華人傳統小吃有截然不同的風格。

馬來式自助餐：椰漿飯

一提到新加坡馬來人的料理，最先浮現腦海的，應該就是椰漿飯了。這種加了椰漿和班蘭葉所煮成的椰香白飯，通常會配上炸雞翅、香腸、炸豆腐及其他炒蔬菜，像中式的自助餐一般，可依個人喜好自行選擇；再加上參巴辣椒醬(Sambal)，配上炸小魚乾和花生，一起攪拌來吃。這種新加坡小吃廣受歡迎，不受族群限制，甚至有不少賣椰漿飯的店面，其實都是華人在經營。

超人氣的椰漿飯，不只在平日正餐時間受歡迎，早餐時段在小販中心或部分捷運站旁的雜貨店，也能看到這種用香蕉葉包成四角

> 這種用香蕉葉包成四角形的椰漿飯包,因為可以提了馬上就走,方便新加坡的上班族或學生買來當早餐,一包約1元新幣。

形的椰漿飯包,因為可以提了馬上就走,方便新加坡的上班族或學生買來當早餐,一包約1元新幣。

「新」式飯包真方便

剛開始在新加坡上班時,偶爾因為吃膩了漢堡三明治、趕時間沒耐心等待需烘烤的咖椰土司、或是懶得選自助菜飯的時候,就會換個口味,學新加坡人買椰漿飯當早餐。不過當早餐的椰漿飯包,可沒有平常專賣店賣的那樣豐富多選擇,飯包裡只有最基本的小魚乾、花生、幾片小黃瓜,以及參巴辣椒醬一包。一開始還真覺得有點寒酸,不免懷疑這樣的經濟型早餐營養是否足夠?但這就像台灣便利超商的御飯糰一樣,算是緊張匆忙之際吃個粗飽的最佳選擇。

另外,新加坡的便利商店並不像台灣、日本一般,有琳瑯滿目的熟食可選:這兒既沒有不時推陳出新的御便當、御飯糰,也沒有大亨堡,所以小販中心的椰漿飯包,不但是新加坡人忙碌之餘的快速選擇,也可算是另類的「新」式飯包。

沙爹,一定「三塊」嗎?

走一趟小販中心或美食中心,絕對可以找到新加坡的代表美食:沙爹(Satay),而且販賣者幾乎都是新加坡馬來人。極受新加坡馬來人歡迎的美食沙爹,一般是用竹籤穿過牛、羊、雞、蝦的肉塊,再用炭火烘烤,看起來像是一般烤肉串。

這烤肉串的名字,據說也有特別的由來;若以福建話或台語來唸,「沙爹」聽起來就像「Sa tae」(三塊),仔細一看,通常沙爹上的肉還果真是3塊。這可不是巧合,聽新加坡朋友說:早期福建移民看見馬來人在烤肉,因為語言不通,並且發現肉串上通常串有3塊肉,

沙爹街忙中悠閒享美食

平民化的沙爹，從一般小販中心到餐廳中都可以找得到。最吸引觀光客的人氣小販中心「老巴剎」(Lau Pa Sat)附近，每天從傍晚開始，其中一條路會封起來，禁止車輛通行，隨即擺上板凳桌椅，架起臨時烤肉架，在高樓大廈林立的商業區之間，搖身一變，成為風格獨具的「沙爹街」。因為景象特殊，讓這兒成了廣受觀光客歡迎的熱門景點。

下班後，不妨邀約三五好友同來「沙爹街」輕鬆享受美食；這裡的消費，就像台灣的路邊攤一般平價，可以大大滿足辛勞了一天的上班族。叫一份沙爹，配上包在棕櫚葉裡的馬來米糕(Ketupat)、小黃瓜、洋蔥，沾一沾略帶甜味、加入大量研磨花生的濃郁沙爹醬，再來杯新加坡的啤酒；嗯！都市生活也可以這麼簡單愜意唷！

便以「Sa tae」(三塊)來代稱，不知不覺地，這樣的烤肉串就被叫做「沙爹」了。就像台北的地名「天母」一樣，據說是早期美軍向當地居民詢問地名，居民以台語「聽嘸！」回應，美軍誤解以為這就是地名，才逐漸演變出今日的「天母」之稱。

上述兩個傳說有異曲同工之妙，都是因語言不同，造成誤會而造就出新名稱來；雖然二者在正式歷史中都沒有記載，但還是在此提出來，增添一點趣味！下回到了新加坡吃沙爹之餘，可別忘了確認一下，到底是不是真的「三塊」喔！

JAVA KITCHEN
Authentic Indonesian Cuisine
Jakarta • Singapore

RISOLES $1.50
Crispy Yummy Chicken Pie

SOTO JAVA (CHICKEN) $5.00
Rich-in-spices healthy Javanese chicken soup

AYAM COBEK + RICE $7.00
Tasty Javanese fried chicken with tofu & tempe

MINI TUMPENG (NASI KUNING) $6.00
Special yellow pandan rice meal with chicken rendang, honey glazed tempe & assorted vegetables

NASI RAMES (CHICKEN/BEEF) $6.50
Set meal with beef/chicken rendang, Balinese egg, honey glazed tempe & traditional vegetables

GADO-GADO (SURABAYA) $5.00
Fresh mixed vegetables with delicious peanut sauce & crackers

1️⃣ 典型椰漿飯：基本食材有花生、小魚乾、炸魚、雞翅、煎荷包蛋、參巴辣椒醬。

2️⃣ 印尼小吃：Ayam Penyet。Ayam在馬來語、印尼語中是「雞」的意思，Penyet則是「弄扁」的意思，所以又被稱為「打扁的雞」(Smashed Chicken)。這是將混合多樣香料醃製的雞肉下鍋油炸，再用槌子打至扁平，讓香料徹底混入雞肉裡。外層香脆、內部雞肉鬆軟，沾著辣椒醬吃，真是越吃越順口呢！

3️⃣ 和新加坡朋友一起去馬來餐廳，點了咖哩雞、炸馬鈴薯、炒菁菜、還有咖哩羊肉，加上一杯新加坡Teh，桌上都是道地的馬來菜。

4️⃣ 販售馬來式沙拉：「囉喏」(Rojak)的攤位，有一般混合蔬菜的囉喏和水果囉喏，也有各式配料供客人選擇。

5️⃣ 加了各式蔬果和豆皮，撒上花生顆粒及黑色甜醬的囉喏(Rojak)。

6️⃣ 新加坡的傳統雜貨店裡賣的馬來系零食小吃：除了新加坡當地自產的以外，大部分都是從馬來西亞進口的，包括肉鬆米餅、榴槤糕，以及各式洋芋脆片。

7️⃣ 參巴辣椒醬、辣椒，以及咖哩香料，都是馬來食物不可或缺的元素。

8️⃣ 在美食中心可以輕易找到印尼食物：因為這是和馬來飲食相當接近的回教飲食文化，所以信仰回教的民眾也很容易接受。

❶ 釀豆腐叻沙。

學 新 加 坡 人
吃 娘 惹 料 理

「峇峇娘惹」指的是15世紀移民華人和馬來人通婚所生的下一代,他們衍生出來的文化,融合了馬來和中華文化二者的特色,又被稱為「娘惹文化」。

「娘惹文化」屬於新加坡次文化之一。「峇峇娘惹」大多居住於馬來西亞的馬六甲與檳城,以及新加坡一帶;其中男生稱為峇峇(Baba),女生稱為娘惹(Nyonya)。他們也自稱是「Peranakan」,馬來語之意為「土生的人」,所以又被稱為土生華人或海峽華人。

椰奶香+辣椒香+海鮮香

「娘惹文化」融合了馬來和中華文化的特殊背景,衍生出來混合馬來人與華人烹飪元素的料理,則稱為「娘惹料理」。例如有著濃濃椰奶香的叻沙(Lasak),便是娘惹文化中最具代表性的料理之一。

這種加了椰奶、薑、香茅及其他繁複香料所調配出來的濃郁湯頭,通常會加入豆腐、魚漿類製品,以及蝦子、貝類等海鮮一起料理,再配上黃麵條或是粗米粉做為主食,最後混入參巴辣椒醬。椰奶的濃香、參巴辣椒醬的辛辣,搭配海鮮烹煮出來的鮮味湯頭;這麼特殊的口感,難怪大受新加坡人的歡迎。

混種美食叻沙,還分新加坡版、馬來版、個人客製版!

看起來是個簡單的料理,在新加坡卻有不少專賣店專賣叻沙,其中又以新加坡東部的「加東叻沙」最為知名。新加坡的叻

新加坡小販中心的飲食，普遍缺少青綠色蔬菜。如果沒有刻意加點青菜，很容易造成纖維質攝取不足，這時候釀豆腐攤就是外食新加坡人的最佳選擇。

沙和同樣以娘惹料理出名的馬來西亞檳城「亞三叻沙」略有不同：檳城的亞三叻沙中加入鳳梨、鯖魚絲、肉鬆，增添了酸甜的口感，而新加坡的叻沙則是以濃郁的椰奶香味為主。

其實在新加坡想吃叻沙，並不需要特別跑到東部去，因為在平常的小販中心裡就可以吃得到。或者你也可以試試另一種改良版的叻沙：在叻沙的湯頭裡，依個人喜好，放入不同食材。在這類賣「釀豆腐」的攤位上，擺放了各種丸類、豆腐類製品，以及各式生鮮蔬菜，看起來很像台灣的滷味攤，只差沒有肉類，但也有各式餃類與熱狗。

客人選擇自己喜歡的菜色，在高湯中川燙後加上麵條；然後可以加甜醬油與辣椒醬做成乾麵，或是直接加入湯汁變成湯麵，湯頭則可選擇清湯或叻沙湯底。眾多不同的調理選擇，讓原本簡單的叻沙多了許多變化。

吃釀豆腐補充蔬菜好健康

新加坡小販中心的飲食，普遍缺少青綠色蔬菜。除了點自助菜飯時，可以自行多選一些青菜外，一般的海南雞飯裡只有幾片小黃瓜；小鍋麵(類似台灣的陽春麵)裡只有幾片生菜；肉骨茶裡根本沒有蔬菜；炒粿條及其他鍋飯裡也只有少少幾片葉菜；新加坡式的西餐就更不用說了。如果沒有刻意加點青菜，很容易造成纖維質攝取不足，這時候釀豆腐攤就是外食新加坡人的最佳選擇。

標準外食族的新加坡朋友說：只要覺得自己的身材開始往橫向發展，就會特別注意飲食，改吃起「釀豆腐」來減肥，而每次也總是小有成效。豐富的豆類製品及綠色蔬菜，除了纖維與營養都豐富，也可避掉一般外食時容易過量攝取的鹽分及膽固醇。不過此時當然絕對不能選擇味道濃郁、熱量也不容小覷的「叻沙」來當湯底啦！

娘惹文化一遊

一般的娘惹料理早就成為新加坡人日常飲食的一部分；但要是想特意感受一下娘惹文化的不同，走一趟新加坡東部如切路(Joo Chiat Rd.)，就可以發現不少娘惹餐廳，以及販賣娘惹粽及娘惹甜品的專賣店，還可以順道欣賞土生華人的建築。

「腦」料理！？
是「魚」不是「腦」

「Otak-otak」是在印尼也能看得到的魚漿料理，同時也是娘惹文化的代表料理之一。「Otak」在馬來語、印尼語裡是「腦」的意思；聽起來很可怕，實際上卻跟「腦」一點關係也沒有。這是加了辣椒、大蒜、檸檬葉及椰奶的魚漿料理；因為呈扁平狀的魚漿包在香蕉葉裡，放在炭火上烘烤之後，其濕軟的形狀，讓想像力豐富的馬來人有所聯想，才取了這樣的名字。

在台灣一般吃得到的魚漿料理，大多是已經定型的魚丸類，要不就是日式火鍋中的新鮮魚漿：用湯匙挖起，放在火鍋裡面煮成魚丸。像這樣直接把魚漿包在葉子裡，用炭火烘烤的方式，無論在嗅覺和口感上，對我們都算是一種新鮮的嘗試。新加坡的朋友喜歡在下午茶時間買上幾個Otak-otak當點心吃，Otak-otak也可以拿來配飯或配麵包；雖然大多以魚肉為主要成分，但也有採用蝦肉或螃蟹肉製造的Otak-otak。

網上資料更詳細

新加坡觀光局網站：

http://www.visitsingapore.com/publish/stbportal/zh/home/getting_around/tours_in_singapore/ethnic___cultural/Peranakan_Tours.html，特別介紹了東部的娘惹文化及相關店家。

BengawanSolo網站：

http://www.bengawansolo.com.sg/cat_kueh_range.aspx，新加坡的知名甜點連鎖店BengawanSolo，創辦人是一位印尼女士，嫁到新加坡之後開始製作印尼甜點和新加坡甜點。目前販賣的甜點也包括娘惹風味，網站上可以看到各式各樣的娘惹「Kueh」(福建話：粿)，也可以依客戶需要訂製。

1 放在烤架上烘烤的Otak-otak。

2 賣叻沙的釀豆腐攤位。

3 釀豆腐攤位的配料：花生、小魚乾、青蔥以及芝麻油。

4 新加坡糕點店內販賣的娘惹甜點及新加坡傳統糕點。

5 五顏六色的娘惹甜品。

❶ 新加坡書報攤販售各式介紹小販中心及餐廳的雜誌。

學新加坡人吃遍小販中心

剛來新加坡的時候,最想念的就是台灣的夜市:一年365天,隨時要吃、要喝、要買、要享受人擠人的熱鬧氣氛,往夜市跑就對了。相較之下,新加坡並沒有固定地點的「夜市」。

在新加坡,購物商場幾乎都是營業到晚上9點或10點左右;就連一般認定理所當然應該每天24小時開放、全年不打烊的7-11,在這兒也都很有個性地因地點差異,而有不同的營業時間。深夜時分,除了酒吧、夜店,以及少部分24小時營業的餐廳、咖啡廳、百貨公司外,唯一還人聲鼎沸的,就屬小販中心 (Food Centre or Hawker Centre) 了。

亞洲口味大集合

這種開放式的飲食空間,幾乎到處都看得到。舉凡商圈購物區、遍地高樓大廈的商業區、充滿休閒氣息的濱海地區,或是政府組屋林立的住宅區,都可以發現小販中心的蹤跡。規模小的由十幾間不同店面組合而成,規模大的則可能有30到40間以上的店面。小販中心儼然成為新加坡人生活的重要部分,營業時間從清晨到凌晨,部分地區甚至24小時都營業。

在小販中心可以找到所有具新加坡代表性的食物;只要稍微逛個一圈,就能了解新加坡最受歡迎小吃的大略風貌。各家店面的美食,從中式的炒粿條、蝦麵、海南雞飯、肉骨茶、菜飯(像台灣的自助餐一樣,可選擇自己喜歡的菜色);港式的飲茶、雲吞麵;馬來式的椰漿飯(Nasi Lemak)、炒麵(Mee Goreng)、沙爹(Satay)、囉喏(Rojak);印度

式的Roti Prata、Murtabak、Nasi Briyani；一直到各式甜品，以及新加坡的咖椰土司，真的是應有盡有；亞洲其他國家的料理，在此也不難發現。

簡單一頓飯加份飲料，大約5元新幣左右就可以打發。宵夜不知道吃什麼好？走一趟小販中心吧！就算每天都想變換口味，也絕對不是問題！

當「老外」好方便

不同的小販中心也有不同的客群和氛圍。金融商圈附近的室內熟食中心，在中午用餐時間，通常擠滿大排長龍的上班族，一位難求；但過了下班時間後則較早歇業。住宅區附近的小販中心，則是不分時段，從早到晚都有人潮；尤其傍晚時分，總會湧入忙碌一天後回到自家附近的上班族，以及老老少少住在鄰近地區的居民。

小販中心在不常開伙的新加坡人生活中，有著無法取代的重要地位。新加坡共有上百間小販中心，大多從早營業到晚，時刻提供平價而多樣化的餐飲選擇；既然如此方便，難怪不少新加坡人都過著餐餐外食的「老外」生活！

口味重於氣氛

來新加坡出差多次的台灣朋友，吃遍了新加坡的大小餐廳後，有次問我還有哪些地方可以推薦。我想到的是幾間建在山坡上，燈光好氣氛佳的小酒館；但新加坡本地的朋友倒是毫不猶豫地推薦小販中心。這種對在地人再普遍不過的地方，就是最容易吃到新加坡道地平價美食的地方；這裡是體驗新加坡飲食文化的必訪之地，就像到了台灣一定要逛夜市一樣。

美食訊息隨時抓！

Do you know......

想知道小販中心在新加坡人生活中占有多大重要性？只要看看便利商店的雜誌架，或是瞄一眼路邊的書報攤，就會發現幾本專門介紹新加坡小販中心美食的雜誌。沒錯！不是介紹一般餐廳，是專門介紹最具親和力、最平民化的小吃，而且還是分成東西南北各區，介紹遍及全島小販中心內的人氣攤位唷！

這種小販美食雜誌，不但不只一兩本，而且還會定期更新資訊；每隔一段時間，就會有不同的介紹雜誌或書籍出版。平日電視上的美食節目，也不斷報導當地的人氣小販，經過報導後的店家，總是立刻吸引大量人潮；由此可見新加坡人對小販中心的偏愛與需求。

食物上桌才付錢

這裡沒有餐廳的高級裝潢，也沒有空調設備；部分營業到深夜的小販中心就像座美食廣場：半開放的空間，四周環繞著小販店家，中心則是用餐區域。

通常客人先選好要坐的座位，再逛一圈小販中心，到不同的攤位點選自己喜歡的菜色，告知店家所坐的桌號後回座；店家準備好餐點後，會自動送到桌前，這時才付帳。

逛累了就有得吃

部分的小販中心在重新裝潢之後，呈現出不同的設計風貌。例如中峇魯市場內的小販中心(Tiong Bahru)：一樓是一般傳統市場，二樓則變成熟食小販中心，讓附近的居民以及在市場中採買完畢的婆婆媽媽們，可以在此歇個腳、吃頓美食。在新加坡東海岸區的東海岸人工湖美食村，有木造桌椅及花木扶疏的景觀設計，頗具度假氣氛；為傍晚在海邊騎完腳踏車或散步之後想找個輕鬆地方用餐的遊客，提供好吃又方便的飲食服務。在購物商圈烏節路附近的「紐頓熟食中心」，則有較多的海鮮煮炒店家；另外還有位於金融商業區的「老巴刹」，著名的「沙爹街」也在附近。

每個小販中心都有自己的不同特色及受歡迎的店家，不但本地人時常捧場，也吸引不少觀光客造訪。和台灣的夜市一樣，最庶民的新加坡小吃，在這裡一定都可以找得到。

① 新加坡一般小販中心是半開放式的空間，通常包括提供馬來、印度、中華、印尼菜及西餐的店家。

② 小販中心的室內版，美食中心連鎖店之一：Kopi-Tiam。

③ 新加坡的烤雞翅小販，調味特殊：雞翅用醬汁先醃過，最後再擠上酸柑汁。

④ 小販中心多半在住宅區附近。

① ②

③ ④

ONION RING SET $5.00

CHICKEN NUGGET SET $5.00

BBQ Chicken Wing $1.20 each min. buy 2 pcs

BBQ Chicken Wing $1.20 each min. buy 2 pcs

SELF SERVICE

KOPITIAM

新加坡小販中心的用餐「規矩」

在小販中心點菜前,可別忘了先決定座位,並且認清楚座位編號,以便點菜時直接告訴店家位置。許多店家會在客人點完餐點後,再將做好的餐點直接送到客人桌上,送到桌位時才需付錢;不過生意太好的店家,也可能因為應接不暇,而請客人自助。

看到位置或桌子上放有面紙,可別以為是前一位客人忘記帶走而留下來的。新加坡人習慣用面紙占位子;所以到了中午用餐時間,常常可以看到人潮洶湧的小販中心桌上放了許多面紙。這時千萬別自作聰明直接坐下去,或順手把面紙拿走──直來直往的新加坡人,可絕對不會客氣,一定會叫你讓位的!

美食衛生評比

新加坡的餐廳和小販中心為數眾多;無論是在住宅林立的組屋區(HDB,housing & development borad政府所開發的住宅區,類似台灣的國宅),或是購物商場遍布的烏節路,走到哪裡,都不難發現像這樣的熟食中心:半開放式的空間,林立的店家,藉著5到10坪的空間,販售不同口味的熟食小吃,營業時間從清晨到凌晨。

為了保護普遍習慣外食的新加坡人,新加坡政府從1997年開始實施衛生分級制度,以管制並提升餐飲業的服務品質。稽查員會定期查訪餐廳及小販攤位,記錄其衛生狀況,據此分級;共分4個等級,由A到D,分別代表:優、良、中、差,並且發給店家掛牌,要求懸掛在店家攤位上明顯的地方。

得到D級的店家,會被列為加強監督的重點。若有違反食物衛生法的情況發生,店家必須接受2,000元新幣以下的罰鍰。這樣的標示,不只適用於半開放式空間的小販中心,所有的餐飲業都受到管束,讓消費者在外飲食之餘,增添了一分安心感。

查好人氣店家再出門

走訪小販中心前,不妨先上個網;**新加坡觀光局網站**裡提供了詳細的資訊,介紹不少由美食評鑑組織評選出來的人氣小販:http://www.visitsingapore.com/publish/stbportal/zh_tw/home/where_to_eat/f_b_experiences/uniquely_singapore.html。

以下是幾個著名小販中心的介紹以及交通方式:http://www.visitsingapore.com/publish/stbportal/zh_tw/home/where_to_eat/f_b_experiences/uniquely_ singapore/where_to_find_local.html。

1 金融商業區的老巴剎熟食中心。
2 每個小販中心都有受歡迎的人氣店家。
3 紐頓熟食中心的中心用餐區。
4 去小販中心用餐,是入境隨俗,體驗當地生活的最簡單方式。
5、6 在小販中心攤位以及餐廳門口都可以發現的評比標誌。

學 新 加 坡 人
混 Kopi-tiam

Kopi-tiam是福建話發音的咖啡店,但通常指的是在組屋樓下聚集了10間左右店家的半開放式空間,就像是小販中心或美食中心的縮小版。

想要體驗新加坡最local的氛圍,走一趟政府住宅(組屋:HDB)區附近的Kopi-tiam準沒錯。這兒賣的包括一般新加坡人最常吃的料理,像是海南雞飯、肉骨茶、釀豆腐及印度煎

① 新加坡組屋區樓下的Kopi-tiam。
② 新加坡傳統早餐店。
③ 新加坡傳統式早餐的連鎖分店:不只早餐時間,一天到晚都有人潮。

餅等等:不過顧名思義,其中當然一定會有專賣咖啡、冷飲,以及新加坡土司的咖啡店。

吃飯聊天的「老」地方

一般Kopi-tiam會有的基本組合,大概包含賣菜飯(類似台灣的中式自助餐)、海鮮快炒、印度餐點、馬來餐點等的店家;通常從早上開始營業到傍晚。Kopi-tiam在新加坡人的生活裡,有其無可取代的地位:不時會有出門採購順便吃頓飯的主婦、三兩聚集在此喝咖啡聊是非的Uncle,以及三五成群嘻笑打鬧的學生。這兒不只是吃飯的地方,也成為左鄰右舍七嘴八舌、交換訊息、聯絡感情的好所在,就像台灣的菜市場一樣(通常菜市場也就在附近)。

在這兒,你經常可以看到店家和常客用福建話或其他方言寒暄話家常,或是聽見廣播放著台灣80年代的台語老歌;這裡呈現的是

外表洋派、變化快速新加坡的另一番面貌，給人猶如回到台灣小鎮一般的鄉土親切感。

點飲料前，必學「通關密語」

新加坡Kopi-tiam的傳統早餐店，一般只供應幾樣簡單的食物，像是加了咖椰醬(Kaya Jam，由蛋、椰子、牛奶、糖為原料做成的甜醬)的咖椰土司、夾了整片奶油的奶油土司、半熟水煮蛋、奶茶和咖啡。這裡通常沒有Menu，第一次來的人，還真不知道從何下手點餐。

身邊的Uncle開口點餐了，拉長了耳朵仔細聽聽，他說：「老闆，來杯Kopi-O！」Kopi-O？什麼東西啊？這才知道原來混Kopi-tiam是需要懂得黑話的，哈！

其實在新加坡，加了煉乳的咖啡就叫做叫Kopi(福建話：咖啡)，Kopi-C(海南話：鮮)是加鮮奶和糖，Kopi-O(福建話：黑)則是加了糖的黑咖啡，另外還有Kopi-Kosong (馬來話：「空」的意思)，表示什麼都不加的黑咖啡。以此類推，點茶的時候，也是說：Teh(福建話：茶)、Teh-C、Teh-O、Teh-Kosong囉！

濃濃甜甜「新」式煉奶茶

來到新加坡的Kopi-tiam，一定得點杯新加坡傳統咖啡或奶茶；與台灣的口味不同，新加坡一般的奶茶或咖啡，習慣用煉乳來取代奶精及砂糖，使得整體味道更加香濃甜膩。喜歡甜食的我，喝習慣了新加坡式的奶茶，現在在自己家裡沖泡奶茶時，也習慣用低脂煉乳來取代砂糖及奶精。大家不妨在家裡試試看自製新加坡式口味奶茶：只需要一包立頓紅茶包加煉乳，兩分鐘內就能做出簡單而濃郁的新加坡奶茶唷！

> 這兒不只是吃飯的地方，也成為左鄰右舍七嘴
> 八舌、交換訊息、聯絡感情的好所在，就像台
> 灣的菜市場一樣(通常菜市場也就在附近)。

Step by Step

半熟蛋，滋味佳

新加坡的傳統早餐中，通常還會有個特別的半熟水煮蛋。蛋黃和蛋白都呈現液態狀的半熟水煮蛋盛在盤子裡，淋上醬油，撒上胡椒，再以湯匙攪拌混合。從前幾乎只肯吃全熟雞蛋的我，剛開始看新加坡的朋友吃著這像果凍一樣、呈半凝固狀的水煮雞蛋時，真的是非常不習慣。

真正開始嘗試這種口味，還是在朋友拼命鼓吹之下，才勉為其難試試看。結果出乎意料之外，並沒有生蛋的腥味，而且在胡椒及醬油的調味下，我覺得連大部分原本不吃生雞蛋的人，應該都可以輕鬆品嘗而不覺有異吧！此外，用半熟水煮蛋沾著土司吃，也相當順口哦！

到了新加坡，除了該感受一下local的Kopi-tiam文化外，千萬別忘了來份傳統早餐唷！

1 半熟水煮蛋。

2 加上醬油及胡椒。

3 攪拌調味後的水煮蛋。

Look Around

連鎖早餐店，點餐更方便

　　類似這樣的傳統早餐店，也有採用企業化連鎖經營方式者，其中之一是在台灣已設立分店的「亞坤土司」；這裡以套餐的方式供餐，對於想體驗傳統新加坡Kopi-tiam文化，又怕不知如何點餐的人，提供了方便許多的服務。

　　來到「亞坤」或其他傳統早餐連鎖店，馬上看得到一目了然的大型看板加圖片，可以輕鬆點選。這裡提供的餐點種類，也比一般傳統Kopi-tiam來得多一些，例如多了法國土司，還可以選擇夾起司或冰淇淋。

❶ 亞坤早餐店內的海報：「SCREW the French press，we've got the SOCK.」（去他的法式濾壓法，我們用絲襪就行啦！）圖中帶著微笑、穿著汗衫的亞坤Uncle，信心滿滿地喊出口號。這是十足新加坡式幽默的海報；因為一般新加坡傳統咖啡是用絲襪濾網濾出來的，做法就像拉茶一樣，濾沖出來的咖啡或奶茶，口味更加細膩。

❷ 亞坤奶茶。

❸ 亞坤土司餐點製作中。

❹ 亞坤早餐的menu，提供多種口味土司的選擇。

❺ 連鎖店的飲料目錄。

❶ 連燕麥餅乾上也標明了Halal。

❷ 麥當勞裡的Halal公告，清楚表示遵守伊斯蘭教教規，並受到新
加坡回教理事會的認可。

學新加坡人
吃出宗教包容

因為回教有特殊的飲食限制，所以回
教徒一般得在有Halal標記的店家裡才
能飲食；購買的食品上也要有Halal標
記，表示製造過程符合其宗教的標準。

新加坡華人占人口總數7成多，馬來人以及
印度裔的新加坡人則占了2成左右。如果以宗
教信仰來劃分：最大的宗教是佛教、基督教，
以及道教等民間信仰，回教與印度教在此仍
算是小團體。

少數族群獲多數人尊重

Halal標記是針對回教飲食習慣者所貼心
設計的食品標記。在新加坡各處，不難發現
許多餐廳、攤販都有這樣的Halal標記；就連
一般販售的食品，也會有這樣的標明圖示，代
表其烹煮過程及食材選用，均符合嚴格的回
教飲食規範。

回教的飲食規範相當嚴謹，但在新加坡，
諸多回教徒卻能輕鬆得像一般人一樣，很容
易享用到各種美食，並不會因其習慣特殊而
有麻煩之感；同時在各個飲食場合，他們的
需求也都能獲得非回教徒的尊重。

到處都有Halal

不只一般食品及餐飲店盡力達成Halal
用餐規則，連大型速食連鎖店：麥當勞、肯
德基、漢堡王、必勝客，以及法式快餐連鎖

Delifrance等，也不願放過這個回教的用餐市場。因此在新加坡的麥當勞裡，找不到任何豬肉食品；早餐的豬肉滿福堡變成雞肉滿福堡，豬肉鬆餅套餐改成雞肉鬆餅套餐，就連番茄、辣椒醬汁也貼心地符合Halal標準，讓回教信仰的民眾吃得更安心、也更放心。

光是一般餐廳達到Halal標準還不夠，在新加坡各地都有分店的連鎖美食中心「Banquet」，就提供了完全合乎伊斯蘭教飲食規範的餐飲環境。這個Food court裡面販賣的所有食物都符合Halal規定，而且料理種類有完整的選擇：和新加坡其他的美食中心一樣，該有的中式、西式、馬來、印尼、印度料理，一項都不缺。

在海港區一家大型購物中心的地下街，可以看見兩間連鎖美食中心相鄰：包括符合Halal飲食規則的「Banquet」，以及一般的「Kopitiam」。在「Banquet」門口就有告示，清楚標明：禁止帶入外來飲食，提醒大家尊重彼此文化及宗教的差異。

Halal與不Halal，不可混飯吃

新加坡的回教徒是幸福的，完全不用為了嚴格的用餐規定，而讓餐飲選擇受到限制。在這裡，中式海南雞飯有Halal、海鮮快炒小吃有Halal、西式漢堡署條有Halal、印度餐飲店有Halal，馬來小吃不用說，當然一律Halal。在觀光局製作的美食手冊上也會一再貼心叮嚀：為了尊重彼此文化信仰的不同，也避免造成對方困擾，在小販中心飲食時，千萬不要將一般中式飲食和回教飲食有Halal標記攤位的碗盤、食物混在一起。

新加坡人對於宗教的包容與尊重由此可見，不過聰明的新加坡人當然也看出這麼做的另一項益處：那就是回教人口的消費市場自然跑不掉啦！

Halal飲食資訊何處覓？

　　根據新加坡觀光局網頁上的資料：新加坡有400間以上的飲食店，已通過新加坡回教理事會的證明，符合Halal的飲食規範。在新加坡回教理事會網站裡，提供了更詳細的回教餐飲店資訊；同時在旅客諮詢中心，也可以拿到專屬於回教旅客的旅遊資訊，提供了各式吃、喝、玩、樂的完整訊息。

　　目前大部分的觀光手冊差不多都可以在觀光局網站上找到，不過這份回教徒專屬的旅遊手冊尚未列入網站上提供下載。

新加坡旅遊局觀光手冊下載網址：
http://www.singapore.com.tw/guidebook.htm
新加坡回教事會網站：
http://www.muis.gov.sg/cms/index.aspx

Do you know……

魚與熊掌——飲食習慣與工作機會！

　　有位在新加坡工作的印度朋友，從前曾經到台灣出差過幾次，對於台灣人的友善熱情始終讚譽有加。其實幾年前，在台灣原本有個不錯的工作機會等他去接手，問他為什麼沒有因此到台灣發展，他簡單地回答我：因為飲食。

　　雖然他信仰的不是回教，不需要遵守嚴格的飲食習慣，但偏向華人口味的台灣小吃不合他的胃口；而且在台灣，印度及其他中東餐飲也相當不普遍。經過多項評估後，他放棄了台灣的機會，選擇新加坡。當時我聽了覺得很可惜，只因為飲食文化的殊異，不但他失去了解美麗福爾摩沙的機會，台灣也少了一位不錯的異國人才。

　　台灣和新加坡固然有不同的文化背景，無

❶

法在這方面做比較，但我也希望：持續不斷推廣觀光的台灣，有一天也可以為了吸引不同國籍文化的旅客或外來人才，而有更貼心、更體諒的城市硬軟體規劃及設計。

Please DO NOT Bring
NON HALAL & OUTSIDE FOOD
into BANQUET Food Court
Thank You for Your Co-Operation
不要把外来饮食品带进
哈拉食阁
谢谢合作

① 回教觀光客。友善的回教用餐環境，不只對當地信仰回教的居民來說是一種方便，也成了吸引其他回教國家旅客來此旅遊的契機。

② 新加坡的飲食文化，表現出當地對各類宗教文化的包容。

③ 中式海鮮快炒也Halal。

④、⑤ 購物中心裡與一般美食中心「Kopitiam」並列的Halal連鎖餐飲「Banquet」，門口的告示寫著：禁止攜帶外食。

⑥ 新加坡老牌咖哩飲連鎖專賣店「老曾記」，紙袋上印著Halal標記。

⑦ 即溶咖啡上也標明了Halal。

PART TWO

CLOTHING

學 新 加 坡 人 衣

學 新 加 坡 人 「 舒 適 至 上 」 的 穿 衣 哲 學

四季如夏的新加坡，在衣著上的需求，沒有什麼比「清爽舒適」更重要的了。無論去市場還是高級精品店，基本的國民式穿著，到哪裡都不會遭白眼──這是專屬新加坡的「島國舒適風」。

❶ 看到掛在牆上琳瑯滿目的夾腳拖鞋，就知道新加坡人有多麼需要這種輕鬆自在的鞋子。

❷ 以販賣夾腳拖鞋、百慕達褲，以及海灘用品為主的連鎖專賣店。

❸ 唯有寬鬆透氣的穿著，才會受到新加坡人的青睞。

幾年前剛到新加坡定居時，美國品牌「Crocs」已經在這裡開始流行，街上到處可以看到男女老少一同穿起這類大頭洞洞膠鞋；這種造型突出、顏色鮮豔的鞋款，走到哪裡都很難不引起大家的注目。當時「Crocs」品牌系列在台灣還沒設立專櫃，也沒有現今這麼多不同風格的設計款式；最流行普及的，就是因美國總統布希穿過而成名的布希鞋款。

滿街大頭鞋

我第一次看到這麼多人穿這種鞋時，直向身邊從小來新加坡當小留學生的台灣朋友抱怨：「天啊！新加坡人的品味怎麼這麼差？在這裡住久了以後，原本的品味眼光會不會也受影響？這麼難看的鞋子，要是在台灣賣，應該沒有人會買吧！打死我也不要穿！」

天真如我，真是把話給說早了。姑且不談自

❶

己是否被同化這個問題，過了幾個月的新加坡生活後，我和我的台灣朋友鞋櫃裡都多了雙「Crocs」——不過我們買的可是改良款，外型有所修改，看起來沒有那麼礙眼哦！

盛裝打扮？不切實際

一開始在新加坡過生活，即使在炎熱潮濕的亞熱帶氣候下，我還是很自然地保持在台北生活時的穿著習慣——雖然不至於像部分好友那樣連出門等垃圾車都要化妝打扮，但至少會穿上涼鞋或皮鞋，不習慣大剌剌套著夾腳拖鞋穿短褲就出門。大概也因為當時住處位於百貨商圈內，看得到的路人們大都盛裝打扮，所以連偶爾趕時間而隨便抓件衣服亂穿了事，出門後也會立刻覺得渾身不對勁。

來到新加坡以後，最初的工作需要舉辦各類活動，常常得在室內室外跑來跑去，此時

一雙舒適輕巧的鞋子應該非常重要，但白目的我，一開始就認定穿著會影響別人對自己的第一印象，所以很矜持地天天穿上高跟鞋出門；不過在走壞幾雙高跟鞋後，我就不得不痛苦地宣告投降。此時新加坡的同事拿出她被我嘲笑已久的改版「Crocs」，要我別想太多，穿穿看就是了；沒想到這一穿，讓我的看法全面改觀。

沒過幾天，我立刻說服台灣好友陪我去專賣店，試穿之下，兩人的鞋櫃裡都同時增加了一雙鞋。這種其貌不揚的膠鞋，瞬時在我的人生中灑下一道光芒：這可不是蓋的，連原本因為穿著高跟鞋又故作矜持而追不上的公車，現在都因舒適的鞋子讓我健步如飛，輕輕鬆鬆就能跳上車，省卻不少計程車錢。至此我終於了解：新加坡人的「邋遢」，其實是一種「務實」；從此之後，再也不會隨便批評這種「舒適至上」的穿衣哲學跟不上流行了。

"
我終於了解：新加坡人的「邋遢」，其實是一種「務實」；從此之後，再也不會隨便批評這種「舒適至上」的穿衣哲學跟不上流行了。……要說世界上哪個國際大城市穿著可以這樣隨性自在？我想應該只有新加坡吧！
"

清爽舒適最重要

走一趟人潮洶湧的購物中心，或是注意觀察平常路上的行人，不難發現新加坡男生典型的穿著，不外乎T-shirt加百慕達褲，女生則以短褲加T-shirt，或是一件式洋裝加上冷氣房裡必備的絲巾披肩居多；但不管怎麼穿，都要配上一雙舒適隨性的夾腳拖鞋。

屬於歐美風格的自然式穿著，在新加坡比較受歡迎；寬鬆的沙龍、細肩帶小洋裝等風格，也自其他東南亞國家(如印尼及泰國)進口新加坡，成了另一種流行。從日本開始盛行的多層次穿著風格，在這裡可一點都風行不起來；就算是日系品牌，一樣要有輕鬆舒適的設計，才能吸引新加坡人的青睞。反觀日本，可以看到大家在盛夏依然盛裝打扮，甚至連馬靴都能在夏日出場，新加坡的朋友看了都忍不住搖頭：「熱都熱死了，還這麼不實際！」

國際城市的「夾腳拖文化」

仔細想想，新加坡人直截了當的衣著風格，就這裡的氣候而言，還真的是恰如其分。打開新加坡女性朋友的衣櫥，各式連身洋裝一字排開，只要順著心情挑選適合的洋裝，再搭雙涼鞋，就可以輕鬆出門，不用費心搭配半天；雖是逛個街，也可以穿得像是下一刻就要去海邊衝浪戲水般地清涼──這才是屬於新加坡的東南亞都市精神。

於是在新加坡，你會看到連百貨公司、LV精品店裡的人潮，都隨性地穿著夾腳拖加短褲，沒有人會對這種裝扮投以異樣眼神。就連朋友一向注重打扮的法國老公，來到新加坡後，也毫無例外地穿起短褲加運動涼鞋，現在只差我極力推薦的「Crocs」，還無法攻破他的心防而已！要問世界上哪個國際大城市穿著可以這樣隨性自在？我想應該只有新加坡吧！

Look Around

1 Crocs分店遍及全島，連住宅區附近都設了小型分店。

2、3 無論在購物中心或路邊，都能看到這類放在架上的夾腳拖鞋花車。

4～6 一般新加坡人的日常穿著。

7、8 外國人來到新加坡也會入境隨俗！

看新加坡各民族衣著大不同

除了華人的輕鬆穿著,馬來裔及印度裔的新加坡人,以及在此生活的其他外來客,也以不同的傳統服飾融入新加坡,造就了新加坡繽紛多元的異國色彩。

❶ 馬來小學的學生制服。
❷ 回教頭巾,是信仰較虔誠的馬來民眾所必備的。
❸ 帶著圓帽的是印度錫克教徒。

剛到新加坡來的時候,在網路上找到幾個住在新加坡的台灣人社群,大家常在討論區裡交換訊息,抒發心情;遇到各種疑難雜症時,也能自此獲得網友的幫助。對新加坡生活的種種,有的人樂在其中,也有人抱怨連連,不過大多數的討論事項,大概還是脫離不了新加坡華人的生活差異。

地方小小,民族多多

在國外生活,不同於自己從小生長的環境,有所感觸自然在所難免;但同樣在新加坡這塊土地上生活的人,可不是只有土生土長的新加坡華人而已。在這裡不但工作、生活的環境不一樣,接觸到的人種文化也和從前大不相同,非常多樣化。

由平時坐在電車裡,耳邊傳來的各種不同語言,就可以發現:其實大家都是名副其實的外來客。第一次到新加坡的朋友都說:新加坡很妙!路人形形色色,真是有趣。除了金髮碧眼者,即使同樣有黑髮黃皮膚,看起來像華人,結果卻說著聽不懂的他國語言。

其實我很享受這樣的氛圍:多樣化的人種,帶來形形色色的不同語言與文化,讓新加坡處處充滿驚奇;連路人都很五彩繽紛——因為新加坡的馬來人和印度人宗教信仰不同,衣著風格也各具特色。

① ② ③

宗教不同，衣著相異

仔細注意街上的行人，可以看到回教信仰的共同點：頭巾。由中東來的旅客，婦女們幾乎都戴著黑色頭巾、穿著黑色長掛裙；但是馬來人的頭巾及穿著色彩則繽紛許多；頭巾有各式各樣的款式及顏色，服裝則以長袖衫褲為主。

信仰印度教(Hinduism)的印度人，習慣在額頭上用顏料點上圓點；若是紅點(pottu)則代表未婚。現在也有不少加了水鑽裝飾的貼紙，對愛漂亮的印度女孩來說更加方便，而且還有不同顏色，可以搭配衣服來選用。「紗麗」是印度女生的傳統穿著，這塊長約5.5公尺寬1公尺的布料，穿法是由下往上，披過肩膀後包住身體，裡面再搭配一件類似小可愛的短上衣(choli)。這樣的傳統服飾店，大多聚集在小印度區，在這裡可以選購布料，量身訂做。

新加坡各民族雖有自己的傳統服裝，但一般多為特殊節慶或休閒時穿著；在工作場合中，一般而言，不論宗教、種族為何，服飾上並沒有很大的差別。

Look Around

小印度區風情萬種

❶ 小印度的傳統服飾，可以選擇布料，量身訂做「紗麗」。

❷ 新加坡的社會型態以華人為主，因此有不少印度或馬來新加坡人，也能說一點華語或是福建話。這家小印度糕餅店的老闆，就說得一口好福建話！

❸ 印度唱片行：連印度的朋友都說，來到小印度，真的就像回到了印度。

❹ 金飾行，印度人對黃金飾品情有獨鍾；繁瑣的金飾，也是婚禮上不可或缺的裝飾品之一。

❺ 小印度的印度廟。

❻ 小印度街邊滿是印度餐廳。

❼、❽ 從日用雜貨到唱片、服飾、食品，各式新奇古怪的產品，或是印度原汁原味的用品，在這裡都可以找得到。

Henna介紹

　　天然藥草製造的印度染劑Henna，原是印度人在結婚喜慶之際，用來身體彩繪的藥草染料；由於成分天然，不傷肌膚，也被廣泛運用在染髮上。以Henna染料所繪的特殊精緻圖騰設計，近來越來越受年輕人以及觀光客的喜愛；這算是一種身體彩繪，走一趟小印度，可以發現許多專做Henna彩繪的專門店。

　　Henna染髮費用約為25元新幣以上；Henna彩繪價格則由新幣5元到30元不等，依圖形大小及複雜度而定，可以自己挑選或讓店家設計圖形，繪好後大約可維持一到兩週。專門為結婚所設計的Henna，彩繪範圍包含雙手雙腳，圖騰相當複雜，所需費用約70元新幣以上。

去小印度時的最愛

　　美麗的印度圖騰，跳脫了一般身體彩繪的老氣設計，因此我有事沒事就會為自己加點花樣；只要有去小印度，若沒畫Henna回家，總覺得像是少了些什麼。

　　這一天，我嘗試一間之前沒去過的店，斯里蘭卡來的員工問我想畫些什麼，我說我想要一隻站在花上的鳥；沒參考其他草圖的熟練員工，在10分鐘內就完成了我手上的Henna，可愛吧！可惜我那沒眼光的朋友居然說：「啊！妳怎麼在手上畫了隻KFC(肯德「雞」)？」

1 印度家庭式美容院，從修眉、剪髮、做臉，到Henna彩繪、指甲彩繪，服務內容從頭包到腳，什麼都能做。

2 小印度有不少專做Henna彩繪的店鋪或攤販。

3 Henna的顏料和各式圖騰手冊，在小印度也可以很簡單地買到，不妨買一包回家自己練習看看！

4 繁複細緻的圖騰，是結婚喜慶時專用的。

5 不想用畫的？小印度連圖騰貼紙都有賣！

6 Henna顏料乾硬剝落後，圖案呈現淡咖啡色；當時正逢過年，這是我買了原料幫外國友人畫的中華風Henna。你要不要也來試試看！

7 畫在我手臂上的「站在花上的鳥」。

❶ 阿拉伯街附近有不少特色小店。這間老闆的工作是負責活動會場布置，頹廢隨性的工作室也在這裡。

❷、❸ 阿拉伯街一角。

看新加坡 新世代馬來人 亮麗風格

回教信仰者一定穿著保守？女性一定戴上頭巾？關於這一點，新加坡的馬來年輕人可不肯照單全收；他們對於自我外表的主見與創新觀念，直接表露在身上，推翻所有既定成規。

阿拉伯街假日流行風

每逢週末假日，走一趟阿拉伯街，滿街都是開放式阿拉伯水煙館和中東餐廳。店家在巷口騎樓下擺起座椅，鋪上地毯，來這裡用餐或抽水煙的人群，便席地坐在騎樓地毯上抽起水煙。放眼望去以馬來人居多，穿著打扮有龐克搖滾風、日系頹廢風、民族休閒風等等；每組席地而坐的小團體，都好像已事先約好今日打扮的主題一般，讓我有走到日本原宿的錯覺。

新時代馬來風格

看過絕大多數新加坡華人以舒適寬鬆為前提的輕鬆打扮後，不難發現在此穿著較具個人風格、標新立異的，反而是年輕一輩的新加坡馬來人。我問了身邊的台灣朋友，是否大家都有同感，果然男士們個個異口同聲：「對啊！馬來妹好辣！」

剛來新加坡的時候，認識了一位馬來朋友，曾和他聊到回教信仰對他們的影響。他解釋說：目前新一代的馬來年輕人，大都相當堅持自己的想法以及喜愛的生活方式；雖然宗教已經和他們的生活結合，密不可分，但個人對

> 新加坡的整體環境及
> 社會風氣比馬來西亞
> 開放，也沒有宗教法
> 令的規定，所以年輕
> 人其實不覺得有這麼
> 多的束縛。

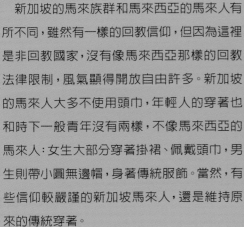

信仰的熱誠不同，自然會做適度的改變；再加上新加坡的整體環境、社會風氣也比馬來西亞開放，沒有宗教法令的規定，所以年輕人其實並不覺得有這麼多束縛。

新加坡的馬來族群和馬來西亞的馬來人有所不同，雖然有一樣的回教信仰，但因為這裡是非回教國家，沒有像馬來西亞那樣的回教法律限制，風氣顯得開放自由許多。新加坡的馬來人大多不使用頭巾，年輕人的穿著也和時下一般青年沒有兩樣，不像馬來西亞的馬來人：女生大部分穿著掛裙、佩戴頭巾，男生則帶小圓無邊帽，身著傳統服飾。當然，有些信仰較嚴謹的新加坡馬來人，還是維持原來的傳統穿著。

連日本人都稱讚「有品味」

有回跟同一時期來新加坡生活的日本朋友討論起本地人的穿著，除了一般新加坡華

人輕鬆不拘小節的打扮外，最令他印象深刻的，其實也是新加坡的馬來人；因為他們的年輕人穿衣風格都很有自己的一套，男女生的髮型也比一般華人多變，再搭配不同的造型染髮，連日本朋友都不禁稱讚：「馬來人，歐夏蕾內！」(馬來人，有品味唷！)

學新加坡人不化妝不防曬的自然美學

身處艷陽高照的東南亞，新加坡人倒也盡情享受這四季如夏的好天氣，沒跟著鄰近亞洲國家一樣一味追求美白。

① 聖陶沙海邊享受日光的人群。
② 大熱天裡一樣可以騎著越野單車到處亂跑：新加坡女生，沒在怕的啦！

小麥膚色才是時尚

剛到新加坡的時候，常有種滿街歐美華僑的錯覺。因為新加坡華人除了穿著休閒化以外，男生普遍理小平頭，跟ABC有幾分相似；女生則以健康自然的小麥膚色居多，像極了大刺刺的歐美華人，沒有一白遮三醜的觀念，輕鬆自在地享受陽光和戶外活動。

連問起從小到美國當小留學生的朋友對新加坡有什麼感覺，他也說：「這是一個看起來充滿ABC的國家！」

在居民普遍膚色偏黑的狀況下，很容易將華人誤認為馬來人，馬來人誤認為印度人，因而鬧了不少笑話。

像是問路或搭計程車時，以為對方是新加坡馬來人，用英文溝通半天，結果對方得知我從台灣來，或是聽見我和身旁朋友以中文溝通後，突如其來冒出一句：「啊！哩台灣郎？講華語啦！」這才注意到原來對方是道地華人，

只不過黝黑的膚色造成誤認。好佳在！幸好我沒用中文和朋友咬耳朵，講出什麼不得體的話來。

平日曬，假期還要加倍曬

新加坡平日就已是陽光普照，但一到連續假期，大家還是拼命往附近其他東南亞國家跑；除了受其他國家較低物價及多樣戶外活動所吸引外，日光浴更是度假不可或缺的活動。

一位平日大多窩在辦公室裡工作的新加坡同事，放了連假去泰國普吉島潛水回來，曬到發紅脫皮，臉上還留著戴蛙鏡沒曬到太陽形成的白印子；我笑他：「平常在新加坡還曬不夠嗎？連放個假都要出島曬哦！」他說我還沒看到他的女朋友，她可是曬到「臭灰搭」(台語：焦黑)的程度囉！

自然就是美，太陽我不怕

　　就算不是存心曬成小麥色肌膚，新加坡人喜歡戶外活動以及不怕陽光的熱情，也是他們膚色偏黑的主因。不像大部分台灣女生，出門一定要抹隔離防曬霜，大太陽下要撐傘穿長袖遮陽；整個夏天全副武裝，就怕好不容易美白的肌膚不小心又黑了回來。新加坡女生可一點兒也不怕曬黑，走在烈陽下幾乎沒人撐傘；少數撐傘的人，還是以歐巴桑居多，多半為了防皺抗老化。

　　這裡年輕人普遍喜歡健康膚色，再加上新加坡氣候炎熱潮濕，所以同事們幾乎都不化妝，或者是化幾近透明的裸妝，頂多加畫一下眉毛或裝上假睫毛。我自己在來了新加坡以後，也逐漸減少並改變原本在台灣使用的化妝品，因為化了妝後，往往走出門不到幾分鐘，就覺得自己像是艷陽下即將融化的巧克力。

　　這也難怪新加坡以及東南亞諸國的女性，對於彩妝的依賴度遠少於東北亞的女性。來到這裡後，我也深切感受到：在臉上塗抹了過多的化妝保養品，對肌膚還真是一大負擔呢！

> 他們在裝扮自己的方式上，顯露出一份閒適
> 自在的自信：去掉不必要的，接受最原本的
> 自己，表現出自然簡單的生活精神。

①、② 新加坡小島聖淘沙的海邊：除了外來觀光客外，滿是在太陽下享受日曬的新加坡人。

③、④ 生活在新加坡四季如夏的好天氣中，說真的，如果存心想美白，勢必得比一般人下更多功夫！

不化妝，一樣自信滿滿

27歲的新加坡朋友告訴我：她長這麼大了，從來沒有化過妝，也沒有想過要美白！這讓我回想起自己國中二年級時的家政課——當年30幾歲的家政老師，曾經苦口婆心告訴我們這班女生：一定要有保養肌膚的觀念，最好趁我們還年輕，就開始未雨綢繆，為防止肌膚老化作準備；而平日媒體種種美白廣告與宣傳，更造就了台灣女生對陽光紫外線的恐懼。

也許是周圍氣氛不同吧！在台灣只要不化妝，似乎就覺得打扮不夠得體，但化妝久了，不免對自己的素顏漸漸失去了自信；在新加坡，則因為多數女生都不化妝，所以即使化個簡單淡妝或素顏，都可以很自在地出門。

和台灣相較，除了教育以及從小接受的資訊不同外，新加坡人的審美觀念，也絕不會從商業廣告照單全收。他們在裝扮自己的方式上，顯露出一份閒適自在的自信：去掉不必要的，接受最原本的自己，表現出自然簡單的生活精神——這又何嘗不是一種反璞歸真的生活方式哩！

學新加坡人就是愛購物

新加坡到處可見開到凌晨的小販熟食中心，而且幾乎所有捷運站都和購物商場相連接；從這些地方的設計，馬上可以讓人了解：在這個小小的島國上，一般人的活動真的不外乎「吃」與「買」。

① 到處都在打折，幾乎全年折扣無休的新加坡。
② 新加坡旅遊局製作的免稅消費手冊。
③ 捷運站與購物中心連接的設計，沿路還布滿了商店街。

如果詢問新加坡人：什麼是他們主要的休閒娛樂？大多數人都會毫不考慮地回答：「Shopping and eating!」這一點真的無庸置疑，因為除了各國美食充斥四處外，新加坡也以「購物天堂」著稱。

一年到頭都有折扣

無論是精品購物狂、3C宅男、民俗手工飾品愛好者，各式各樣的消費群，新加坡都能投其所好，讓他們找到所要的商品。除了吸引自家國民的荷包，對於過境或來此旅遊的外國觀光客，商家及政府都是卯足了全力拼經濟；從一年到頭舉辦的折扣節慶，以及新加坡觀光局大手筆推廣的購物季，都充分顯示出這個購物天堂吸金的野心。

除了5月底開始到6月中結束，每年最大宗的新加坡熱賣會(Great Singaproe Sale)外，聖誕節有聖誕節折扣、中國新年有新年折

在新加坡消費

　　新加坡觀光局為了保障來自國外的消費者，除了有24小時免費旅遊服務專線，提供旅遊諮詢與協助外，也有24小時投訴專線：1800-7362000，以維護消費者的權益。只要購物時遇到糾紛或不合理待遇，不用客氣，千萬不要摸摸鼻子自認倒楣，這時務必效法新加坡人不怕麻煩、愛投訴的精神，為自己討回公道。為了杜絕不肖商家，接到投訴後，相關單位一定會因應處理。

　　在機場及旅遊服務中心，也可以拿到消費者手冊，冊中介紹信用良好的商家，提供消費者更好的購物選擇。觀光客在新加坡消費時，只要是在一般標示有「Duty Free」的商家或百貨公司，購物滿100元新幣，填妥報稅單，就可以在離開新加坡時，於海關退回7%的購物稅。

退稅資料網站介紹：

http://www.visitsingapore.com/publish/stbportal/zh_tw/home/what_to_do/shopping/shopping_tips.html，提供更詳細的退稅資料。

扣、平日三不五時又有換季折扣及大小特賣會；烏節路一帶的百貨商家，每個星期六晚上還有「Late night shopping」，除了部分商品促銷折扣，還加長營業時間到夜間11點。難怪連新加坡的朋友都說：「想買什麼東西都不用急啦！因為新加坡根本一年到頭都有折扣！」

　　不過購物高手們也要注意：熱門專櫃裡屬於亞洲人身材的小尺碼服飾，可是還沒到折扣季，就很容易被搶購一空的唷！如果需要的是大尺碼的服飾，由於此地外國消費者很多，所以也比其他亞洲國家容易買得到。

真的比較便宜！

　　購物天堂的形象不是一天造成的，這是因為新加坡一直秉持對進口產品採低關稅的貿易法則(菸酒除外)。逛一趟最大的購物中心集散地──烏節路，可以找到世界各地的國

際精品，或是還沒進入台灣的歐美品牌；只要稍做比較，就會發現：即使不打折，價格也比台灣或鄰近東南亞國家來得親和許多。

　　往市區或購物中心走一遭，不分假日平日都是滿街人潮。一般大受歡迎的歐洲品牌如：Mango、Zara、Topshop、Warehouse等，往往有高達70%的折扣季，商品精美，價格卻平易近人到從10幾元新幣起價的程度。

　　化妝保養品類也如同台灣週年慶一般競爭激烈，折扣季時當然有成套的贈品滿額送；非折扣季時期，各品牌相較於台灣進口化妝品，也是便宜一到兩成不等。不過雖然有這麼多好康，來到新加坡以後，我最懷念的還是台灣「俗又大碗」的五分埔啊！

連新加坡的朋友都說：「想買什麼東西都不用急啦！因為新加坡根本一年到頭都有折扣！」

買！買！買！什麼時間都有得買

新加坡購物的氣氛與商品類別也因地區而異：購物商場林立的烏節路(Orchard Rd.)，除了精品專櫃外，也有類似台北西門町，專門販賣年輕人衣著用品的遠東廣場(Far East Plaza)，以及販售電子用品的幸運購物中心(Lucky Plaza)。

到了中國城裡，可以看到各式絲巾、中式傳統服飾、瓷器及仿古藝品；在小印度區，可以找到各種印度手工藝品及食品雜貨，像是販賣印度金飾品，或是印度傳統服飾紗麗(sari)的專賣店，買不夠的話，還有24小時開放，全年無休的印度百貨公司：慕達發百貨(Mohamed Mustafa & Samsuddin Co.)。

沒標明價錢＝可以殺價

阿拉伯街(Arab St.)一帶，有來自各地的亞洲及中東飾品，還有蠟染布專賣店、波斯地毯店及水煙專賣店等，巷弄中另有許多風格獨特的設計小店，販售獨立設計的品牌商品。武吉士(Bugis)購物區的森林大廈，則像是台灣的光華商場，販賣各類3C電子產品。價格方面，也像台灣一樣：除了百貨公司外，一般販賣3C產品的電器行，以及未明確標價的商店都可以殺價。

走在處處都是購物商場的新加坡，有如入寶山一般，絕無空手而回之理，不買怎麼行呢？！

① 阿拉伯來的香水，包裝也一樣華麗哨！
② 按摩滾珠精油條。
③ 這裡也販賣一般含酒精的香水。
④ 中國城內滿是自中國及東南亞進口的生活用品和紀念品。
⑤ 武吉士(Bugis)區類似西門町的年輕人購物商場：Bugis Village。
⑥、⑦ 從到處都有的紀念品商店和行李箱專賣店，就知道來這裡的觀光客有多愛買。

不含酒精的精油香水

慕達發(Mustafa)和小印度的雜貨店裡，都會販售回教徒使用的不含酒精香水。一般在阿拉伯街一帶的香水專賣店，會販售仿製各大名牌但不含酒精的香水；也可以依照個人喜好，調配個人化香水。

另外在慕達發(Mustafa)可以發現這種攜帶方便的按摩滾珠精油條，各種香味都大約新幣6元上下，送禮自用兩相宜。

Look Around

買不夠？小印度的慕達發 (Mustafa)讓你全年無休

不管是觀光客還是道地新加坡人，慕達發是個可以讓所有人滿載而歸、24小時營業、沒有購物時間限制的好地方。只要你想得到的東西，它幾乎都有賣。到這兒走一趟，可以讓你一次買完所有購物清單上所列用品；不過最好別在假日來，因為休假的人潮不分早晚，永遠將這兒擠得水洩不通！

慕達發(Mustafa)網站：
http://www.mustafa.com.sg/index.asp。

↑每個週六烏節路各購物中心都延長購物時間到11點，這個訊息也做成可愛的明信片以告知民眾。

←↓24小時營業的慕達發(Mustafa)。

→↓ 慕達發(Mustafa)販售的食品，以印度及各國進口食品為大宗，歐美進口食品也絕對不缺。

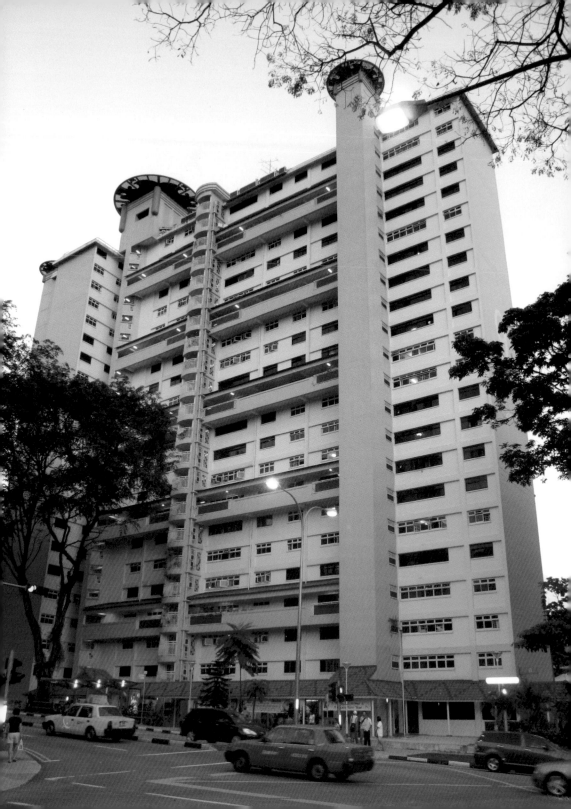

HOUSING

學 新 加 坡 人 住

① 組屋一樓的店家：水果店、雜貨店、五金行、美髮理容院等一應俱全。

② 組屋附近的活動空間：新加坡的區域活動中心和台灣的鄰里活動中心一樣，定期會舉辦活動，邀民眾參加。

③ 目前正在新建的政府組屋，有50幾層樓高。

學新加坡的住者有其屋政策

新加坡政府一直戮力推展「住者有其屋」的理念；即使這幾年房價不斷水漲船高，組屋的價格，仍然在政府控制下維持合理的程度。

初到新加坡的人，不難發現一棟棟井然有序的公寓坐落於各鬧區，無論是在車水馬龍的中國城(Chinatown)、外國觀光客眾多的荷蘭村(Holland Village)，還是異國風情濃厚的小印度(Little India)區域；這些建築有著方正的外觀，和一般私人公寓看起來稍有不同。這是由新加坡建屋發展局所建構的公共房屋，也就是台灣所謂的「國宅」，在這裡叫做「組屋」(housing & development borad，簡稱HDB)。

組屋的進化

不同於台灣和香港，新加坡的政府組屋隨處可見，一棟又一棟，外型四四方方，除了外觀顏色不同外，造型其實大同小異。早期3房式的組屋，有兩個房間加上一間客廳，空間呈長方形，加上各家大門互通的長廊，設計方式猶如中小學教室一般；後來的4房式或5房

新加坡政府的公基金政策

只要是新加坡公民或是永久居民,都需要從每月所得裡面扣繳公基金(Central Provident Fund,CPF)。50歲以下的新加坡公民每個月的薪資中會自動扣除20%,雇主需另外支付14.5%,轉到雇員的個人公基金戶頭裡;永久居民則是第一年扣除5%,雇主另外支付4%。

公基金的錢可以用於重大傷病醫療費用、支付房貸,或在規定中可運用的比例內做投資;但是整筆公基金戶頭款項的運用,必須等到已達退休年齡,且公基金戶頭內達到一定存款額度,並且保留最低存款比例後,才可以自由提領。這樣的政策,不只使新加坡的國庫有充裕的流動資金,也強制新加坡人儲蓄,為年老後的退休生活做準備。

新加坡政府網站:
http://www.cpf.gov.sg,可以看到所有CPF的使用規範。

式設計,則不再有互通的長廊,每樓的戶數也減少到2、3戶,不但各戶空間較具隱密感,公共設施也有更好的規劃。現今正在計畫中的新住宅區,以及近年完工的組屋,則無論設計或規劃,都已和私人住宅相去不遠,而且建設時,也會將周邊生活機能都列入考量。

自己的才會珍惜

組屋計畫及其興建開始於新加坡獨立初期;當時的經濟與民生物資都相當貧困,因為人民普遍缺乏安全衛生的住宅環境,政府意識到與其興建住屋租借給人民,不如讓大家能夠買得起自己的房子。擁有住屋的所有權,才會對房子更加珍惜維護;因此第一批政府組屋於1960年至1965年左右誕生。

從一開始,新加坡政府就決定讓人民採用分期付款的方式,每月分期繳付房貸,也可以使用自己公基金(CPF:Central Provident Fund)內的部分比例來支付房屋貸款;所以是依照這樣的概念與政策,加上考量整體成本,才建造出一般人民可以負擔得起的組屋,讓所有新加坡人都能擁有自己的房子。每月需支付的房屋貸款,可以從公基金中扣除支付,適度減輕房屋貸款的負擔,而這個「住者有其屋」的政策,無形中也提高了人民對於工作及生活的責任感。

定期維修,歷久彌新

新加坡的組屋規定每5年要進行外部粉刷及內部翻修的工程,所以不管歷史多悠久的組屋,還是可以維持一定的外觀水準。組屋的一樓為挑高開放空間,不但成為住民平日可利用的活動場所,也提供鄰里婚喪喜慶使用;這種公用空間的存在,同時解除了新加坡因腹地有限,政府規劃殯儀館用地時必定招致附近鄰里反對的問題。

> 與其興建住屋租借給人民，不如讓大家能夠買得起自己的房子；擁有住屋的所有權，才會對房子更加珍惜維護。

只有本地人才能擁有

近年來隨著新加坡的經濟發展，房地產價格呈倍數翻漲；苦了新加坡的外國人，對新加坡本地人卻沒有大影響，反而增添了不少包租公包租婆。

處於高通膨、經濟不景氣的時代，買房子對於台灣一般上班族及小家庭，可說是一項相當沉重的負擔；看到新加坡幾乎人人有屋，連一般新婚夫妻都可以申請政府組屋，輕輕鬆鬆地購買房子，實在不得不稱讚新加坡政府實在厲害：不但蓋了房子，讓人民有穩定的生活，同時也充實了國庫！

想要了解並實地體會新加坡幾個組屋住宅區，可以參考**新加坡觀光局網站**，上面有簡單的介紹，也標明了交通路線：http://www.visitsingapore.com/publish/stbportal/zh_tw/home/what_to_see/suburban_living.html。

新加坡的購屋限制及規範

數據顯示：80%以上的新加坡人，都是住在政府組屋中。價格合理、熱門搶手的政府組屋也有其購買規範：只有已婚的新加坡公民或是配偶其中一方是新加坡公民，才可以購買全新的政府組屋。單身滿35歲以上的公民或永久居民，以及夫婦皆為永久居民的狀況，只能購買二手組屋。

政府建組屋的原意是想達成「住者有其屋」的理想，為了避免不必要的資源浪費，因此限制擁有組屋者不可購買第二棟組屋，但可購買價格較高的私人住宅；已擁有私人住宅的民眾，相對地就不得再購買政府組屋。可購買組屋之夫妻薪資亦有上限，數字依房式不同而有差異；超過一定以上收入的夫妻或家庭，就不在可購買組屋的對象範圍內。

新加坡建屋發展局網站：http://www.hdb.gov.sg，詳細介紹購買限制及其他資訊。

避免種族糾紛的居住規劃

Do you know......

種族整合政策(Ethnic Integration Policy，EIP)，是一項為了維持族群融合而定的政策；政策中規定不同的住宅區域，必須要維持特定的族群比例。為了避免整個組屋都是同一族群，同時也考量各組屋位置地點不同的因素，每棟組屋所訂的族群比例都不大一樣。

一旦某一族群已達此處的法定居住上限，出售者將無法把房子賣給該族群；但同一種族彼此交易則是可以的，因為這樣並不會影響到整體的比例。關於每個區域的種族比例規定，可以在政府網路上查詢或以電話詢問。

❶～❺ 各地組屋外觀。

❶ 看到網路上警示溫室效應的搞笑海報，不得不說：靠日光曬衣服還是最環保的啦！

❷、❸ 「萬國旗」面面觀。

❹ 這戶人家還挺有氣質的：看清楚，內褲內衣可得晾在其他衣物被單中間哦！

看新加坡人的組屋文化特色

新加坡的組屋並沒有開放式陽台的設計，所以廚房區域窗口外會有一個個小孔，方便插入竹竿曬衣用。這種特殊景觀，在香港和上海都可以見到，但在新加坡更為普遍。

和香港其他地狹人稠的城市一樣，新加坡的居住環境可說是寸土寸金。天氣好的時候，經過組屋區域，可以看到特殊的「萬國旗」景觀：一根根竹竿從窗口旁的牆壁伸出，掛滿了大大小小的衣物，有時連棉被、床單、絨毛玩偶，都掛出來做日光浴。

太陽打敗烘衣機

仔細想想，新加坡也真的是適合萬國旗懸掛的好地方，因為全年如夏、艷陽總是高照，掛出去的衣物，得以從陽光曝曬中獲得天然消毒作用；即使雨季有午後陣雨，通常也是來的急去的快。住在新加坡，根本可以不必使用耗電的烘衣機；在這個全球熱烈討論節約能源以求環保的時刻，這樣的曬衣法，還真是既經濟又實惠！

不過，萬國旗的擺設也不是在任何國家城市都適用，在空氣污染較嚴重的地方，掛出

❶

去的白色衣物，收進來時可能會變成灰色的；另外在某些國民水準較低之處，收進來的衣物會不會變得五彩繽紛，也很難說(雖說新加坡執法嚴謹，偶爾還是可能有「驚喜」發生)。

竹竿晾衣也暗藏危機！

走在台灣的人行道上，滴下來的水可能是冷氣水，但在這裡，最可能的是晾曬衣物在滴水。這樣外掛曬衣的規劃設計也曾引發部分問題，例如過長的竹竿，在舉起竹竿伸出窗外懸掛衣物時，很容易讓人重心不穩；尤其對身材瘦小的女性，真的是一項問題，因為過去就曾發生瘦小的女傭在晾掛衣物時，因竹竿太重而從窗口摔出去的意外。

在強調防治登革熱的季節，社區的安全衛生人員也會在各棟樓下放置告示，並到府宣導，送上圓蓋給各個組屋住戶，讓平常不使用曬衣孔的民眾，可以在孔上加蓋，以免孔內積水，成了滋生蚊蟲的溫床。

曬不曬，其實都會乾

掃除有礙觀瞻、影響市容的「萬國旗」曬衣方式，是近年來中國大陸部分城市進行美化市容行動中，不斷強調的一項重點。但新加坡的曬衣方式，與大陸比較起來還算是井然有序；因為家家戶戶放置竹竿的位置都是固定的，看起來比較整齊。有些不習慣使用竹竿曬衣的人，則是在組屋後方的空間內自設曬衣架；這也多虧了新加坡的好天氣，就算不把衣物晾在戶外，通常也是一下子就乾了！

> "住在新加坡,根本可以不必使用耗電的烘衣機;在這個全球熱烈討論節約能源以求環保的時刻,這樣的曬衣法,還真是既經濟又實惠!"

Look Around

走進新加坡組屋

新加坡朋友Darren,是少數沒有和父母同住的朋友,和我一樣喜歡到處旅遊,個性隨和開朗。他住在距離烏節路10分鐘車程的荷蘭村組屋,屋齡40年;原本是給人老舊印象的3房式住家,但在他的改造下,變得煥然一新!

管線外露學問大

在新加坡的組屋室內,到處可以看到管線都呈外露的狀況,給人好似置身倉庫或半成屋一般的復古感覺;要是就此問題詢問新加坡人,大家都會說:「這是為了維修方便啊!」真不愧是「務實」的新加坡人。

由新加坡政府建造的組屋,基於成本考量,管線裝置都採取外露的方式;交屋後如果屋主嫌礙眼,想要包起來裝修一番,那就是個人的事了。醜歸醜,提到維修容易這部分,還真的是可以省掉不少功夫呢!

馬來貓

在新加坡，由於政府有所管制，幾乎沒有流浪狗存在，但倒是可以看到流浪貓。原因除了貓比較不易捕捉外，可能也因為貓比較愛乾淨，不大會傳染疾病。

平日時常可以看見新加坡馬來人滿懷愛心，拿飼料餵食流浪貓的和睦景象，看起來就如我們在公園裡餵鴿子一般自然；這些貓咪多半也不怕生，即使是流浪貓，大都還是有人照顧。在這塊土地上，貓咪似乎是唯一可以和人類完全和諧共處的動物。

相較之下，基於宗教規範，在回教教導中，狗是不潔的動物；所以此地養狗的飼主們，遛狗之餘都會特別注意狗狗的舉止，不讓牠們冒犯到其他人。

❶ 新加坡某間民宿的櫃檯，在這裡貓最大！

❷ 可愛的小貓，沒在怕人的！

❸ 泰國領事館的馬來警衛，堅持說這隻貓是他養的啦！

❹ 這天下午，我們在Darren家裡吃蛋糕，一直聊天到黃昏。

❺、❻ 客廳一角：出了家門後就是外面各家互通的長廊。

❼ 經過朋友翻修加大後的廚房，顯得煥然一新，室內的燈光也彌補了原本光線不足的問題。

❽ 顯然Darren也是怕利用竹竿在外曬衣會有驚喜狀況發生的一族！

❾ 門口外的長廊就像小陽台一樣，大家多少會做些綠化布置。

❿、⓫ 外露管線大特寫。

⓬ 臥室裡延續著管線毫不遮掩的風格。

看新加坡人多元化的住宅生活環境

由於居民來自不同族群，新加坡各地區的居住環境和住宅型態也不一樣；像是以歐美外派人士為主的紐頓區，以及有小泰國之稱的黃金坊等等，各個區域氛圍截然不同。

不同族群，不同風情

剛到新加坡來的時候，我住在西邊，靠近新加坡國立大學，算是一個清幽的住宅區；平日如果不是和朋友相約，或有特別事情需要處理，幾乎都不會往市中心跑。

這裡的鄰居多半是新加坡華人或外國留學

❶ 荷蘭村一帶的餐廳。

生：住宅區裡穿插著小販中心、傳統市場，以及像是五金行的雜貨蔬果店。或許因為這裡是個以華人為主的住宅環境，所以我除了覺得新加坡的道路規劃相當整齊外，並不覺得氣氛及每天生活接觸的各個部分，跟台灣有太大差異。

後來因為工作關係，搬到中部接近鬧區的中峇魯，接著又陸續遷至接近烏節路、廣受外國人歡迎的荷蘭村一帶，這才感覺到：隨著住宅區域的不同，周遭商店及匯集的人潮都有很大差異。

在中峇魯，除了有名的中峇魯市場和熟食中心，另外多了和捷運站相連接的購物商場，雖然一樣是以華人為主的住宅環境，但氣氛因接近鬧區而整個熱絡起來。在荷蘭村，由於這裡是廣受歐美外派人士歡迎的住宅區，除了房價高於一般地區外，巷弄間也多出許多具異國情調的餐廳及酒吧。

> 雖然目前還沒有數據公布到底有多少新移民及外來工作者住在新加坡，但假日時走在某些特定地區，甚至會有置身其他國家的錯覺。

同族相見歡

後來漸漸發現：大家基於不同的生活型態及工作，居住的選擇也大不相同。歐美外派人士喜歡住在環境清幽，且距市區較近的紐頓區(Newton)或荷蘭村；日本家庭喜歡住在有日本學校的東部或西部，或是有日本百貨、餐廳的克拉碼頭(Clarke Quay)一帶；東部馬林百列一帶的馬來村，則有相當多的馬來居民；小印度區不用說，當然大部分是印度人。

新加坡的外國人眾多，不只居住區域有所劃分，連假日休閒的交誼場所也不盡相同。雖然目前還沒有數據公布到底有多少新移民及外來工作者住在新加坡，但假日時走在某些特定地區，甚至會有置身其他國家的錯覺。

輕鬆遍覽各國特色

在小印度區，景觀真的就像印度一般；中國城裡自然以中國餐廳及華人商店為主；到了黃金坊(Golden Mile)，所有的泰國雜貨及餐廳，讓人有如置身泰國；克拉碼頭一帶，滿是靠河的異國情調酒館餐廳，浪漫的氣氛加上現場演奏，還有清一色的外國客人，頗有置身歐美的感覺；阿拉伯街上滿地水煙台和波斯地毯，土耳其來的服務生問你要點些什麼，彷彿到了中東。

烏節路的幸運購物中心(Lucky Plaza)裡，滿是菲律賓的雜貨店以及餐廳，到了假日，也成為菲律賓籍勞工交誼的好地方；東部如切路一帶由於地緣的特殊關係，以越南人居多，小販中心及餐廳多提供道地越南菜；到了市政廳附近的半島購物中心(Peninsula Plaza)，各個獨立的小型商店販售著緬甸來的物品雜貨，再加上緬甸餐廳，成為思鄉緬甸人假日的最佳去處。不知不覺地，這些外國人及外國景觀，都已經成為新加坡的特殊風景，以及多元文化的一部分了。

Look Around

各 式 住 宅 型 態

新加坡的住宅，除了政府組屋外，另有多種其他形式：像是有游泳池、健身房，並有警衛管理的私人公寓；獨棟別墅或雙拼別墅；以及連接在一起的排屋(像是台灣連在一起的透天厝)。多種居住環境，可以配合不同居民的需要。

荷蘭村一帶，有不少類似峇里島風格的Villa型住宅；東部及中國城一帶，則有許多早期殖民建築風格的Shophouse，經過重新粉刷後，相當有復古設計風，一樓通常會出租做為營業的商店。

❶ 一般私人公寓都會有游泳池、健身房、交誼廳等設施。
❷ 私人排屋，像是台灣的透天厝，不過只有兩層樓高，有前後陽台和私人庭院。
❸ Landed property，有自己的院子。
❹ 新加坡東部如切路一帶，保留了許多殖民時期的建築。
❺、❻ 政府組屋。
❼ 私人公寓的設計多變。
❽ 荷蘭村住宅區附近的餐廳。

❺

❻

❼

❽

學新加坡的綠化住宅行政規劃

有「花園城市」美稱的新加坡，到處都有綠色林蔭及花園景觀；讓人不論在上班途中或午休空檔，都能從喧囂城市的快速步調中，找到一個放鬆及喘息的空間。

❶ 一般排屋的院子裡也種滿了樹木。
❷～❺ 普通住宅區的街道也是綠意盎然。

新加坡被稱為「花園城市」，真的是當之無愧。這裡街道規劃井然有序，到處都有公園綠地；除了商業行政區街道上的綠化設計外，住宅區裡更是綠樹如茵。不管是在忙碌的萊佛士坊(Raffles Place Area)金融商圈、商場林立人潮眾多的烏節路一帶，或是以政府組屋為主的紅茂橋區域，到處都能發現可以讓人停下腳步，心靈和身體一起休憩一番的公園綠地，很自然地的融合在都市叢林中。

種樹種到種不下

南亞氣候的新加坡，早在獨立之初，就已意識到綠化對一個國家城市的重要性。新加坡第一屆植樹節從1971年開始；根據園林局的統計，實行的前5年，每年植樹節大約都在新加坡全島種下了2、3萬棵樹。到了1990年，幾乎可以種樹的地方都種遍了，於是將植

樹節擴大為清潔綠化週，目前1年大概種300多棵樹，並且想盡其他各種辦法來增加綠化的範圍。

除了街道兩旁的行道樹，成功地提供了豔陽下的遮蔭效果外，人行天橋上種植了藤蔓觀賞植物，露天停車場也撥出綠地來種植樹木；所有面對道路的擋土牆，都要讓出15公分的空間來栽種植物。不過這樣的綠化工程也不是處處都能成功的：早期新加坡政府連電線桿也不想放過，曾經嘗試在電線桿周圍種植樹木，後來因為水分會侵蝕金屬電線桿才作罷。

每棵樹都有ID

　　雖然隨著都市的更新，有時需要配合規劃而砍伐某些林木，但為了保護及維持樹木的一定數量，新加坡除了不斷種樹之外，也立法保護現有樹木。在這裡樹木絕不能亂砍，就算要新建樓房，都得通過園林局的審核；為了保護歷史悠久的大樹，甚至可能在道路初期規劃時，便考慮繞道而行。

　　在新加坡，每棵樹都有自己的編號，相關單位經由電腦管理全島110萬棵樹及1100萬株灌木，每3個月施肥1次、1年修剪1次。新加坡有70多名育木師，每天的工作就是替樹木做體檢，並根據研究統計，來篩選出適合新加坡環境的樹種。

埋頭苦幹 vs. 表面文章

　　新加坡充滿綠意的環境，讓我回想起從小對於台灣植樹節的印象：總是不外乎政府機關舉辦某些活動儀式，讓各個首長在電視前做個示範種種樹，但往往作秀性質大於實質作為，實在令人感嘆。

　　新加坡人重視大自然，不遺餘力實踐綠化，不只為他們帶來公園般的居住環境，也帶來淨化空氣之功效；更讓每一個新加坡人都深刻體會到維護自然生態的重要性，以及綠化環境能夠帶給生活的健康影響。見賢思齊，我們是不是也該為自己能力所及之周遭環境盡一分心力，打造出更美好的生活環境呢！

每棵樹都有自己的編號，相關單位經由電腦
管理全島110萬棵樹及1100萬株灌木，……。
新加坡有70多名育木師，每天的工作就是替
樹木做體檢，並根據研究統計，來篩選出適
合新加坡環境的樹種。

❶～❹ 猶如坐落於森林裡的獨棟別墅。
❺ 烏節路購物商圈。
❻ 市區街道。
❼ 住宅區捷運站附近，大多與公園相鄰。

Look Around

從前的「園在城」
未來的「城在園」

　　新加坡實現「花園城市」的終極目標，是要將過去的「公園在城市裡」，推展到未來「城市在公園裡」的境界。目前新加坡已有許多大大小小的公園，組屋住宅區附近的綠地也不斷擴張。這裡的公園，通常就佇立於鬧區或住宅區中，與周遭景觀自然地融合在一起，每個公園都有不同風格，常常予人驚喜之感。

　　像是位於住宅區的碧山公園(Bishan Park)，雖然不像東海岸公園一樣人氣鼎盛，卻有自己獨樹一格的美態。除了有人行步道和可供腳踏車及直排輪使用的專用道外，整個公園綠樹如茵，讓人感覺有如漫步在熱帶叢林裡；如果運動或走累了，可以踏進氣氛溫馨的小木屋有機餐廳裡用餐，也可以到SPA會館中，選擇各項美容療程放鬆一下。

　　另外有個隱藏於Club Street眾多酒吧附近的公園：Ann Siang Hill Park，綠意盎然的園景和遠處的辦公大樓交相輝映，呈現特殊的對比風格；這是某次我在等朋友時無意間發現的好地方。

參考網站

新加坡國家公園管理局網站：http://www.nparks.gov.sg/cms，這是負責管理300多個公園的新加坡國家公園管理局網站，可以看到新加坡的主要公園介紹、各項資訊，以及時時更新的活動訊息，主要公園定期還會有免費導遊帶你走透透。結婚的新人，也可以預約在浪漫的公園裡結婚宴客呢！

圖片提供／新加坡國家公園管理局網站

❶ 隱藏在商業區巷弄中的小公園，與周遭的高樓大廈形成強烈對比。
❷ 在公園裡舉行的婚禮。
❸ 東海岸長堤。
❹、❺ 東海岸自行車道旁沿路的店家。
❻～❾ 東海岸公園的步道。

學新加坡人住家的異國布置風格

新加坡地處東南亞,不難購買到各種具度假島嶼風的天然素材家居飾品,再配合各人不同的喜好,很容易設計出多元化的居家風格。

❶ 在院子裡放幾張島嶼度假風格的木製桌椅,是最常看到的庭院空間利用方式。

❷ 幾乎所有的政府組屋中,都有這樣的活動廣場及綠地。

在新加坡除了組屋之外,一般的私人房屋都有陽台或庭院的設計;毫無例外地,幾乎大家都會善用這塊空間,將之布置成屬於自家風格的休閒空間。

陽台庭院聯絡感情

有的人在此打造私人涼亭、有的放些適合小朋友的遊樂設施、有的乾脆架設起露天吧台;只想簡單布置的就放幾張躺椅和桌子,或許加上烤肉工具;也有人隨心所欲地創造出獨具自我風格的裝置藝術。有些私人公寓陽台不是很大,那就放幾張桌椅、吊床,再種點植物、放些盆栽。公寓的中庭,通常也會有游泳池和BBQ區域,讓大家可以聯絡感情。

曾經在台灣工作好幾年的外國朋友,後來外派到新加坡工作,他說:在台灣的感覺,好像回到家裡以後,就非得進到屋子裡、「待在

家裡」，讓人有被關起來的感覺！所以他很喜歡新加坡的公寓設計、綠化方式以及公設：開放式的陽台，讓人在工作結束後，或是平日待在自家公寓中，都有充分的活動空間，不覺得拘束；就算有親朋好友來訪，辦Party時也多了更大的活動範圍。

休閒風當紅

❷

新加坡位居東南亞，多數家居飾品都來自鄰近東南亞國家。就像台灣有部分專做外銷的工廠一樣，東南亞其他國家也有許多廠商專做外銷品，自家產品並不會在其本國銷售。因此在新加坡有些進口的精緻飾品，是在東南亞其他國家旅遊時看不到的；不過既然設計上有所區隔，當然價錢也跟著翻兩番。

這幾年吹起的休閒家居風，流行的素材包括印尼的銀器、木雕、染布；泰國的瓷器、佛像、藤製品等等。只要走一趟大型家飾店，無論想布置室內室外，需要任何家具，在這兒大都能一網打盡、一次購齊。

① 樓上陽台也沒忘了擺放幾張椅子。

② 裝上小花裝飾物和小朋友喜愛的溜滑梯，成為親子共享的休閒空間。

③ 連盪鞦韆都有。

④ 組屋裡雖然沒有陽台，在長廊上大家也會布置許多盆栽，做為綠化裝飾。

⑤ 東南亞異國風格家飾店。

⑥ 波斯地毯在此也可以輕易找到喔！

⑦ 放了動物模型，看起像個小公園。

Look Around

逛逛新加坡開放式家具行The Shophouse

新加坡的家具行，除了有和台灣一樣的密閉式空間展示館，以及IKEA等連鎖家具店以外，還有這種情境式的家具館：看起就像棟大型別墅，室內外模仿真正的居家分區規劃，從餐廳、臥室、遊戲房、客廳，一直到院子、陽台，所有的家居擺飾，全都有真實產品現場展示。

❶〜❸ 半開放式的家具館。
❹ 家具館外部庭院。
❺〜❽ 家具館內部。

① 有百年悠久歷史的五星級萊佛士酒店。
② 紅點設計美術館。

學新加坡人
穿越時空
活化古蹟

新加坡人成功地維持了古蹟的原建築，並且毫不避嫌地將之與商業結合，不但替古蹟增添新活力，也帶來實際的經濟效應。

提到古蹟，一般人會想到什麼呢？在展示館裡，瀏覽陳年歷史介紹及與幻燈片？在紀念品販賣處選購各式鑰匙圈、相框給親朋好友當禮物？如果只是將所有古蹟保存下來，努力維持其原狀外觀的話，那實在太乏味了吧！

老地方，新風情

新加坡政府為了推展觀光產業及保存部分古老建築，推行了「活化」古蹟建設的工作，成果包括：將傳統店屋住宅翻新，原本基本架構不變，但一下子變成新潮的購物商圈，例如克拉碼頭區域；或者是讓古老的英國殖民時期軍營，搖身一變，成了熱帶叢林中時髦夜店及餐廳酒吧林立的東陵村(Tanglin Village)等等。

想像一下：在古老的女修道院裡歌舞狂歡、享受美食；在前英軍軍營裡享用燭光晚餐；

媲美設計界奧斯卡的紅點設計獎

德國「IF獎」、美國「IDEA獎」和德國「紅點設計獎」號稱世界三大設計大獎。紅點設計獎由德國設計師協會(Design Zentrum Nordrhein Westfalen)在德國埃森(Essen)設立，至今已有50多年歷史；每年吸引超過61個國家，11000件作品參加競賽，現已成為全球工業設計界的頂級大獎。競賽項目分別為：產品設計 (Product Design)、傳達設計(Communication Design)，以及設計概念(Design Concept)。

得獎作品會在紅點博物館展出，獲獎者亦會被邀參加頒獎典禮接受頒獎。紅點獎每年會選出一組年度最佳設計團隊，曾經得過獎項的知名企業包括：LG Electronics、Adidas、Apple、Mercedes-Benz、Nokia、Philips、Siemens，以及Sony。台灣的團隊於2008年，也在眾多參賽作品中有突出的表現，共有62件產品獲獎，其中5件贏得最高榮譽「金獎」(Best of the Best)。

紅點設計網站：http://www.red-dot.org。

在從前的港口倉庫裡瘋狂購物；晚上回到早期店屋變身而成的精品旅館休息！新加坡的古蹟，就是這樣讓人充滿驚喜。仔細看看幾個目前頗受當地民眾及觀光客歡迎的熱門地點，似乎都跟古蹟脫離不了關係。

在古蹟裡享受時尚

位於市政廳區的贊美廣場(Chijmes)，是新加坡早期的女修道院，現在則是熱門的夜間去處；這兒除了各式異國餐廳、酒館、禮品店外，教堂廣場也變成露天餐廳酒吧。夜晚來臨時，這裡的教堂及廣場，在燈光投射下，散發出迷人的氣氛，成了觀光客及附近上班族下班後的最佳去處。

在活化古蹟的過程中，最能和老建築結合的經營方式，不外乎餐廳或酒吧。來到小販中心「老巴剎」，看到它獨特的建築，才發現這也算是新加坡古蹟之一。這裡位居新加坡的金融中心區，是目前東南亞最大的維多利亞時期鑄鐵建築，建於1894年，從前是菜市場，現在成為飲食小販集中的中心；其外圍後來增加的「沙爹街」，也成為此區的特色之一。

以前的新加坡交通警察局總部，現在變成除德國之外的第二間「紅點設計美術館」，從2005年開始，每年也在這裡頒發全球性的「紅點設計獎」。除了一般性的展覽作品，在此建築物中也集合了餐廳和酒吧；每個月的第一個週日，還會舉辦自由創作藝術家的原創週末市集。

活化古蹟景點網站推薦

新加坡紅點設計美術館：http://www.red-dot.sg/concept/museum/main_page.htm

藝術原創假日市集：http://www.maad.sg

贊美廣場：http://www.chijmes.com.sg

"
新加坡對古蹟的態度是：不但要維護，更
要利用其古老風味，將之化為商機且發揚
光大，讓古蹟成為生活的一部分。
"

古今交會透新意

在新加坡，除了某些特定點出乎意料地改成為新娛樂場所外，在中國城牛車水、克拉碼頭、小印度及東部地區，都可以看到一連串修復好的復古店屋，這也是活化古蹟工程中的一部分。

新加坡政府的做法是先強制收買，整修之後再讓商家競標取得經營權；結果沒想到競標之後房地產大漲，因而後來整個計畫區域更為擴大，不但保留更多傳統店屋，也創造更蓬勃的商機。

中國城區域的兩間精品旅館：「1929」以及「The Scarlet」，分別是在1929年及1924年所建的古老店屋；後來採取保留原本外觀，大刀闊斧重新裝潢內部的方式，將之變成精品旅館。這種經營模式，成功地打造出另一種古蹟活化的路線。

古蹟也是重要商機

新加坡對古蹟的態度是：不但要維護，更要利用其古老風味，將之化為商機且發揚光大，讓古蹟成為生活的一部分。

雖然這種活化古蹟的方式，在翻修過程及日後維護中，都比一般建築耗費更多成本，但卻能夠成功地維持古蹟的風貌，營造出仿古建築無法模仿的真正復古氛圍。這樣浩大的工程，在執行初期，絕對需要民眾的認同與支持，才有可能順利完成。

看到新加坡從過去無聊呆板的城市印象中跳脫出來，不斷做大膽嘗試與創新；同樣提倡維護古蹟的台灣，是不是也該起而效尤？用更生動活潑的方法來保存古蹟，並讓古蹟融入生活，為台灣文化資產注入一股活水呢！

① 武吉士(Bugis)一帶。

② 成功地由古早倉庫店屋改造出來的克拉碼頭。

③～⑤ 東部如切路(Joo Chiat Road)一帶。

⑥ 中部地區。

⑦ 小印度地區。

⑧ 中國城一帶，以早期店屋改造而成的精品旅館及店面。

PART FOUR

TRANSPORTATION

學 新 加 坡 人 行

❶ 南部山脊分成好幾個部分,告示板上一一介紹各個地標和步行所需時間。

❷ 36公尺高的亨德申波浪橋(Henderson Waves),是新加坡最高的行人天橋,每晚7點到早上7點會亮燈,呈現與白天截然不同的風貌。

學新加坡人
走　步　道
享受芬多精

新加坡雖是個小小島國,卻在不斷推廣綠化的行動上有顯著成效;一方面提供國民更好的生活環境,一方面更不斷積極運用現有的有限資源,來創造更多的休閒空間。

綠色環島步道由來

新加坡大部分的區域公園都設有下水道,為了方便維修下水道的車輛進出,在兩旁設有6公尺寬道路。因為新加坡土地有限,所以園林局和水道局合作,將原本的6公尺寬空地改成2公尺寬的綠地,以及4公尺寬的步道或自行車道,將所有的公園串聯在一起。根據計畫,在2015年時即將完成全長160公里的環島綠色走道,屆時民眾就可以名副其實地輕鬆環島一周了!

難忘高空步道遊

在2008年6月的某一天,看到報紙上介紹:新加坡到2015年時,將會完成環繞全島的腳踏車專用道及人行步道。從那篇報導中,也得知目前有部分綠色步道已經完工,但我一直遲遲沒有機會去親自體驗一番;直到2009

> 架在高處的人行天橋，讓人在高空中體驗
> 到不同的視野，並帶來全新的感受。

②

年的某一天，心血來潮跟朋友找到步道，開始一路走下去，沒想到這卻成了我在新加坡最難忘的一次經驗。

美麗的南部山脊(Southern Ridges)全長9公里，從南端捷運站 Harbourfront (港灣站)開始，沿途經過4個公園，全程以步道與陸橋相連接。架在高處的人行天橋，讓人在高空中體驗到不同的視野，並帶來全新的感受。由於部分步道以網面金屬板建成，可以清楚

地看到腳底下的景觀；不看還好，看了真是心頭一驚，有嚴重懼高症的人可要小心了，哈！

詳細資料網上找

新加坡旅遊局網站：
http://www.visitsingapore.com/publish/stbportal/zh_tw/home/what_to_see/parks___nature_reserves/Southern_Ridges.html，可以看到詳盡的介紹以及路線圖。

Look Around

南部山脊一遊

想一次走完綠色步道可需要點耐力；途中可看到幾個大型地標，地標點大多會有休息的地方，或者連接至其他公車捷運站。

TREES AND BRANCHES MAY FALL
TAKE CARE

- Please carry your litter out of the forest, bins are at the exit.
- Beware of slippery surface during wet weather.
- Please lower your volume when you pass by residential areas.

BE CONSIDERATE

- Keep your dog leashed
- Pick up your dog's poo

BE CONSIDERATE

◀ To Telok Blangah Hill Park 1.9km
(Henderson Waves)
◀ To Mt Faber Park 2.2km

Ficus benjamina

Common name: Benjamin tree, Weeping fig, Tropical Laurel
Origin: India, Malaya, China, Australia

Ficus is a genus of about 800 species of woody trees, shrubs, vines, epiphytes and hemi-epiphytes in the family Moraceae. Collectively known as figs, they are native throughout the tropic.

It is a hemi-epiphytes with thin tough leaves on pendulous stalks adapted to its rain forest habitat. It is very similar in appearance and habit to Ficus microcarpa. The main difference is that Ficus benjamina seldom drops aerial roots from the branches. It is a popular house plant for home and office in temperate country. The leave is sensitive to changes in light when it is planted indoor. The plant is also planted as a hedge.

① 除了到處都有的廣告告示不時更換外，新加坡政府也不斷在做美化市容的工作。
② 習於搭乘大眾運輸工具的新加坡人。
③ 捷運四通八達，新的路線還在不斷增加中。
④ 連印度餐廳都標明：這裡可以搜尋得到網路服務。
⑤ 大葉高島屋也有此無線通訊服務。

學新加坡人
實踐雙腳
萬能原則

新加坡實行車輛管制，加上計程車在尖峰時間一車難求，因此一般國民不但養成盡量使用大眾運輸的習慣，也相當同意「雙腳萬能」的觀念。

由於新加坡土地有限，政府以高價的「擁車證」來控制車輛數量，所以並不是每戶人家都有車子；一般人出門不外乎搭乘捷運、公車和計程車，其他地方就都得靠「11號公車」了！於是漸漸地，一般新加坡人都練就出不凡的腳力來。

少車少污染

新加坡對車輛的管制措施，不但讓新加坡人普遍養成使用大眾運輸工具的習慣，也另外帶來不少附加價值：一方面因自用小客車數量下降，讓市區不再擁擠，並使得整體石油消耗量減少；一方面亦因汽車排放廢氣量減少，降低了都市裡空氣污染的程度。

為了鼓勵民眾多多使用大眾運輸工具，交通費用算是相當合理：公車車資約0.9到1.8元新幣，捷運在0.9到1.9元新幣之間，非尖峰時間計程車則從新幣3元起跳。

走到哪跟到哪的Wireless@SG

無線通訊範圍橫跨全島的Wireless@SG，是新加坡的資訊通訊發展管理局(Infocomm Development Authority，IDA)提供民眾的一項服務。這項無線通訊的服務從2006年底開始，目前為免費措施，目的在於讓移動者到哪裡都有無線網路可用。不論是居民、商務旅行者或觀光客，只需上網註冊，便可免費使用。

但是計程車在這裡並不像台灣一般隨招即到，遇到尖峰時刻，更是一車難求；而且計程車司機換班時，往往只往固定地點開，大牌到不管你怎麼招手都沒用。所以即使是在趕時間，還是得靠打電話叫車才方便；如果想精準控制交通往來所需時間，不如安分一點，早些出門搭乘捷運吧！

開車貴，腳免費

剛來新加坡時，最不習慣的，就是這裡的交通沒有台灣方便。回想當初在台灣時，我就像個被寵壞的小孩，出門不是開車就是騎機車；連到巷口的7-11，都不願放過機會，非得騎鐵馬去不可。雖然政府一直在推廣「日行萬步」運動，但實行起來還真是比登天還難，因為住在方便的都市裡，每天最遙遠的步行距離，頂多不過是從公寓走到公眾停車場那5分鐘腳程罷了！

原本在台灣時，需要每個月靠瑜珈課來維持基礎體適能，但到了新加坡這裡，天氣幾乎永遠在攝氏30度以上的高溫，只要出門走上5分鐘，保證馬上達到汗流浹背的運動最終目的——沒想到「走路」這種最簡單的健身方式，不但不需要花一分錢，還可以省下交通費；想去哪裡，用走的就是啦！

新加坡全民運動

即使每天艷陽高照，在這裡，大家還是秉持「雙腳萬能」的原則，四處趴趴走；對新加坡人而言，不管到哪裡，「步輪」就是最普遍、最方便的大眾運輸工具。這也難怪來此造訪的親朋好友，在幾天逛街購物，雙腳萬能地走遍新加坡之後，個個都是鐵著腿回家！

> 新加坡雖只是一個小島,光是島內就已經有許許多多休閒活動;如果玩膩了,還可以拿著新幣去其他東南亞國家度假消費,那更是物超所值的選擇!

看新加坡小歸小,隨時都能往外跑

新加坡是個可以做為中繼站,四面八方擴張旅程的絕佳出發地。這裡玩累了,跑出去玩;外頭玩累了,再跑回來玩!

普吉島、蘇美島、峇里島，東南亞各地行程，玩一週讓你1萬元台幣還有找！

讓你輕鬆跑透透的廉價航空

　　若以新加坡為中繼站，到鄰近國家旅遊，機票究竟有多便宜？只要看看那些每個月都出國旅遊的新加坡人，以及在這裡工作的外國人就知道了。選擇不定有early bird特惠價的廉價航空(Budget airline)飛往東南亞鄰近國家，票價低廉有如台北飛高雄一般：新加坡飛曼谷或吉隆坡來回機票含稅後新幣100元——約台幣2200元；飛峇里島則是約180元新幣；票價依時節及淡旺季而有所差異。

　　廉價航空和一般航空公司服務上的差別，只在於不提供機上餐點和電視；至於託運的行李，各家航空也有不同的計價方式。對於想要花小錢各國跑透透的人，是很好的選擇。

　　以下幾家廉價航空公司，提供了往來東南亞以及其他亞洲國家的航班。

捷星航空：http://www.jetstar.com/sg/en/index.aspx。

亞洲航空：http://www.airasia.com/site/sg/en/home.jsp。

欣豐虎航空：http://www.tigerairways.com/sg/en/index.php?r=SGEN。

地方小 ≠ 不好玩！

　　住在新加坡這幾年，最常被台灣朋友問到的問題，就是：「新加坡這麼小，住在那裡不無聊嗎？」

　　大家真是太小看新加坡了，這裡怎麼會無聊呢？新加坡雖只是一個小島，光是島內就已經有許許多多休閒活動；如果玩膩了，還可以拿著新幣去其他東南亞國家度假消費，那更是物超所值的選擇！

四通八達的超方便島國

　　出國，對於大多數新加坡人來說，是再平凡不過的事情了。無論是週末或連續假期，大家都一個個往國外跑。這裡有四通八達的陸海空交通航線，北鄰馬來西亞、東接東馬、西有印尼。距離最近的馬來西亞，從市區搭公車，大約只要30到40分鐘的時間，就可以到達馬國邊界的柔佛州；在這兒買東西標價不變，變的是幣別從新幣換成馬幣，幾乎是2比1的兌換率——立刻替荷包省了一半費用。這就莫怪新加坡人就算出不了國度長假，沒事也會開個車過邊境，到馬來西亞去血拼、吃海鮮、打個高爾夫球，稍稍滿足度假的欲望！

飛哪裡都便宜

　　我的新加坡朋友，交了個馬來西亞男友，談了兩年的遠距離戀愛，都多虧這裡的廉價航空幫忙。兩個人幾乎每個月都要飛一趟，常在吉隆坡和新加坡之間兩頭飛，方便到像是高雄飛台北一樣；如果有稍長的假期，兩個人就會一塊兒日本、香港、台灣、澳洲到處跑。最近她還告訴我：因為有信用卡的配套特價，她連頂級度假區的馬爾地夫都去了一趟了唷！

Look Around

鄰 近 小 島 的 旅 遊 輪 船 資 訊

新加坡本身最受本地人及觀光客歡迎的外島,包括可以搭乘輕軌列車前往的聖淘沙,以及可搭乘渡輪前往的烏敏島。

聖淘沙島上有許多遊樂設施及沙灘活動,海邊的Bar和餐廳更是眾多;相反地,烏敏島則保留了新加坡30年前最原始的村莊原貌,騎腳踏車環島是這兒最受歡迎的活動,這裡的原始環境,讓人能盡情享受彷彿在熱帶叢林中探險的樂趣。

其他受歡迎的公海航行行程,以及到鄰近國家的遊輪行程,都可以在碼頭或旅行社找到豐富資訊。旅遊地點不勝枚舉,想玩到膩?這可真得花點時間!

❶~❸ 類似麗星遊輪的各類遊船行程。

❹~❻ 去一趟新加坡的各個碼頭,隨時買票隨時可以出發!

❼~⓫ 烏敏島,可以到此拜訪新加坡最後一個Kampong (馬來語:村莊)。

⓬、⓭ 新加坡的旅行社裡多的是鄰近國家2、3天的套裝行程,只要利用週末加上幾天年休,想安排出國度假非常方便省事。

學新加坡人
發揮幽默
學會自嘲

儘管新加坡人被批評為做事一板一眼，但面對外人嘲諷起自身的「不可以文化」時，可是很大方地一笑置之，化笑話為商機呢！

❶ 土產專賣店一定會有的Fine T-shirt！
❷ 告示上說：「為什麼要亂丟東西，然後被罰兩百元呢？」告訴你不要亂丟垃圾，以免因小虧大！

　　2007年，台灣歌手陶喆到新加坡來開唱會。喜歡陶喆歌曲的西班牙籍朋友也去聽了這場幾乎全中文的演唱會，結束後他告訴我：演唱會的氣氛很好，陶喆真的很幽默，但全場裡面他唯一聽懂的英文介紹就是：「Singapore is a Fine city, and I don't want to be fined！」哈！真有他的，來到人家的地盤，也不忘虧一下到處要Fine來Fine去的新加坡(註：fine當形容詞為「很好」之意，當動詞則為「罰款」之意)。

什麼都「不可以」

　　這是無論初次到訪的遊客，或是新加坡自己人都會自嘲的部分：不管走到哪裡，你都可以看見清楚明顯的告示，告訴你：不可以橫越馬路、不可以亂丟垃圾、不可以在這裡抽煙、不可以騎腳踏車、不可以踢球、不可以坐在手扶電梯上、不可以在電梯裡撒尿，甚至連

> 這樣的警戒告示也成為新加坡文化的一部
> 分；除了教育公民隨時警惕以外，外國觀
> 光客久聞其名，新加坡人自己也沒忘了自
> 嘲一番，並且把它化為商機。

❷

上廁所都要提醒你：不可以忘了沖馬桶。不勝枚舉的告示，往往讓人看到傻眼，而且感覺啼笑皆非。

標示本身的內容已經夠特別了，但在大部分禁止的告示下，更清楚標明了罰金：在不該騎單車的地下道或天橋亂騎單車、摩托車，罰1,000元新幣；在不該吸菸的地方抽菸，罰1,000元新幣；帶易燃物品進捷運站，罰5,000元新幣；在捷運裡飲食，罰500元新幣；帶榴槤進捷運……咦！這個居然沒有寫罰金，不知道是忘了，還是相信新加坡人民有一定的道德水準呢？

自我解嘲變出商機

不知不覺地，這樣的警戒告示也成為新加坡文化的一部分；除了教育公民隨時警惕以外，外國觀光客久聞其名，新加坡人自己也沒忘了自嘲一番，並且把它化為商機。

舉凡觀光客人潮眾多的地方、購物中心、商店街等，絕對少不了各式各樣以Fine City做為發揮題材的紀念品，隨處可見的Fine T-shirt、磁鐵、馬克杯，都標著新加坡的各式禁止並罰鍰的標誌；外地人揶揄得開心，新加坡人賺得開心，琳瑯滿目的Fine商品也因而層出不窮。

這不禁讓我聯想到：當外國朋友對於台灣的印象，仍停留在「立法委員需要打打鬧鬧來練身體」的階段時，我們是不是也可以利用反諷這種印象來製造商機呢？

Look Around

眼花撩亂告示集錦

①

② NO RIDING
Fine: $1000

① 、② 這個要Fine，那個也要Fine；在新加坡生活，請自己好自為之。

③ 觀光區的紀念品中心，總少不了這種Fine磁鐵，做為新加坡生活的象徵。

④ 在組屋樓下空地的告示，提醒你圖上這些事在這裡都不可以做喔！

⑤ 這個很好笑：這是說騎腳踏車時不可以撐傘？還是說腳踏車後面的箱子不可以放人？原來這是告訴冰淇淋Uncle：不可以在此地做生意啦！

⑥ 組屋樓下不可以停放機車及腳踏車。

⑦ 告示上說不可以橫越馬路，但是照片裡的Uncle正大剌剌地Jaywalk(不守規則穿越馬路)耶！

⑧ 猜猜看這是什麼？在組屋的電梯裡，下方一個個小孔是做什麼用的呢？答案揭曉：這是防止有人在電梯內小便的阿摩尼亞感應器；不相信的人可以試試看，保證警報器馬上會響，接下來就等著警察開單吧！

⑨ 圖書館。

⑩～⑫ 大大小小的標誌還真是不少。

⑬～⑯ 捷運站內。

⑰ 在公園裡，要求遊客不要餵猴子，連漫畫都出現了！

⑱ 海邊。

⑲ 垃圾桶上的告示告訴你：丟這裡可以「不用付費」(也就是不會被罰的意思啦！)

③

④

⑤

⑥

7

8

9

10

11

12

13

DO NOT FEED THE MONKEYS
It alters their natural behaviour and
makes them aggressive to humans
OFFENDERS WILL BE PROSECUTED

14

No smoking   No eating
and drinking
Fine $1000   Fine $500

No flammable   No durians
goods
Fine $5000

15

Underpass to
North East Line
to HarbourFront 6 →
to Punggol 7

No eating
& drinking
FINE $500

16

17

SWIM AT YOUR OWN RISK

siloso beach

LIFEBUOY FOR
EMERGENCY
USE ONLY

18

LET'S CLEAN UP

19

SINGAPORE LITTER FREE

PART FIVE

EDUCATION

學 新 加 坡 人 育

學 新 加 坡 人 的
世 界 村 政 策

新加坡開放的工商政策,讓各跨國公司紛紛來此設立亞太總部;而其歡迎外國雇員及新移民的開放條件,也不斷吸引各國菁英,到這裡來發展自己的新天地。

新加坡政府在多種族的環境下,除了強調世界村共存共榮的團結理念外,平日也釋出善意及各種政策,鼓勵更多外來移民的加入;例如給予各國優秀留學生的全額獎學金補助,想盡辦法吸引各國優秀人才的發展條件等等。這些措施,都是想讓這些外來客願意留下,在這塊原本陌生的土地上,建立屬於自己的家。

最好住的亞洲城市

2008年底環球人力資源顧問機構(ECA International)的報告,評選新加坡為最適合外派亞洲工作者居住的城市;已經蟬聯此頭銜10年的新加坡,還被評選為最適合歐洲人居住的亞洲城市。這項調查的評估指標包括:天氣、空氣清潔度、衛生服務、社交網路、娛樂設施、人身安全,以及政治環境等多方面,除了反映出新加坡的整體環境為大部

① 世界經濟論壇最新公布的《全球競爭力報告2008-2009》中，全球競爭力排名前10位的順序為：美國、瑞士、丹麥、瑞典、新加坡、芬蘭、德國、荷蘭、日本和加拿大。

② 假日出遊，在某些地區，放眼望去幾乎都是外國人！

③ 新加坡充滿亞洲各國新移民：中午休息時間，在金融區萊佛士坊(Raffles Place)的廣場，可以看到韓國學生的傳統舞蹈表演。

④ 彩色的新加坡：光是觀看公車、捷運裡五顏六色的行人，就讓我樂此不疲。

分外國人所接受外，整個國家社會對外國企業及外國雇員的開放與友善，也功不可沒。

四海都是一家人

新加坡現今的發展以及人口結構，都和這裡的歷史背景相關。從19世紀開始成為貿易港口的新加坡，吸引了各地商人及勞工來這裡工作；這些原本不屬於這塊土地的打工族，起初也是人在異鄉，心繫祖國，但經過了動盪不安的二次大戰以及殖民時期，一直到新加坡一路走向獨立，革命情感逐漸凝聚了人心。講求各種族平等的新加坡，讓這些原本對這塊土地沒有歸屬感的「外國人」紛紛改變想法，不再繼續漂泊，認定新加坡是自己的家。

因為新加坡人的種族多元化，大部分的人都來自不同地方，輾轉至此成立自己的家園；所以原本從哪裡來的，似乎變得不重要了，重要的是大家都有為自己所居住這塊土地打拼的認知。新加坡對於外國移民的開放，以及外籍雇員的任用，都比其他國家來得普遍；相較之下，一般人對於外國人的接受度也相當高，沒有其他亞洲國家嚴重的排外情結。無論藍領白領，都有辦法在這個地方，找到屬於自己的生存方式。

小小聯合國

走在路上，你可以聽到四面八方傳來不同的語言；有熟悉的Singlish、馬來話、印度話、字正腔圓的北京普通話，甚至各類歐美語言；說話的人可能是觀光客、在這裡生活的外派工作人員，或者就是你辦公室裡的同事。這裡就像個聯合國的小縮影，除了新加坡本地人、還有許許多多來自英國、澳洲、美國、馬來西亞、印尼、韓國、日本、印度等地的移民或外來工作人員。

> 新加坡的態度是：一起把餅做大，不要被新加坡本身有限的人力資源所限制；不怕外來人分一杯羹，有本事就大家齊力把市場做大。這樣的想法，正是這個城市國家競爭力不斷攀升的原因之一。

就是要把餅做大

這樣開放的社會體系，外人看了不免想到：本地人的工作機會難道不會受影響嗎？就像台灣在面臨大陸人才競爭力提升的同時，也會擔心要是有一天完全開放人才交流，會不會影響我們台灣人本身的就業機會。同樣的危機意識，新加坡的態度是：一起把餅做大，不要被新加坡本身有限的人力資源所限制；不怕外來人分一杯羹，有本事就大家齊力把市場做大。這樣的想法，正是這個城市國家競爭力不斷攀升的原因之一。

同樣屬於島國台灣的我們，在內憂外患的政治狀況之下，是不是也應該轉移焦點，不要只想把自己封閉起來！不如了解自己所處的位置，以新加坡為借鏡，團結所有人的力量，支持政府創造出既能發展國家、又能提升人民福祉的雙贏政策吧！

新加坡的獎學金政策

有回和就讀新加坡國立大學的朋友，在國大文學院食堂吃了頓飯。當時真有種置身中國某省分的錯覺，因為圍繞在左邊右邊前面桌子的全是華人，但是字正腔圓的口音，一聽就曉得是中國來的留學生。後來才知道：新加坡政府對於外國學生相當開放，持續提供各種獎學金方案，以獎學金來吸引優秀人才。

念完書就想留下來！

依照獎學金的不同規定，多數人在畢業之後，至少必須留在新加坡工作3年以上；而通常靠這獎學金念完書，畢業後在新加坡工作的人，最後多數也因已習慣新加坡的生活，而決定定居於此。這可說是人才爭霸戰的一種方式：煞費苦心，就是要把所有優秀人才都吸引過來，並且留下來！

① 為了推廣新加坡當地的教育，還製作了國際學生留學手冊，有中英文兩種版本，介紹新加坡所有的本地及外國教育機構，包括獎學金制度和各項生活須知，在旅客服務處也能索取。新加坡政府為了吸引各國人才，真的是有在拼耶！

② 專供外國學生住宿的國際學生宿舍。

③、④ 新加坡有眾多的政府學校及國際學校，在這裡，不分種族膚色，大家努力了解彼此的文化，用一樣的語言相互溝通！

另外本地人可申請的獎學金也提供不少機會，像是政府機關、新聞媒體、當地銀行，甚至連新加坡航空都設有獎學金，全額補助新加坡學生就讀本地大學，或是提供他們出國深造的機會；但相對地，他們畢業後，必須在提供獎學金的機構服務3到4年不等。

網站推薦

新加坡教育網站

http://app.singaporeedu.gov.sg/ct/asp/index.asp。多虧了網路的無遠弗屆，只需要上新加坡教育網站，所有留學、工商、新加坡生活須知、教育體制，相關疑難雜症，在這裡通通有詳細說明。

教育指南手冊下載網址

http://www.singaporeedu.gov.sg/ct/htm/res/res01.htm，所有的指南手冊也可以從這裡下載。

❶ 住宅區裡的回教清真寺。
❷ 觀音廟不稀奇,重點是它建在小印度區內!
❸ 觀音廟內虔誠的信徒,一旁就是印度廟唷!
❹、❺ 在新加坡公共場所普遍可以索取到的廣告明信片(ZoCard),包括新加坡健康推廣局製作的宣傳卡片,提醒大家要關心身邊的人,擴大自己的生活圈;卡片中標示出中文、英文、馬來文和印度文的問候語。
❻、❼ 告訴你「愛的關係5C元素」:Commitment, Concern, Care, Compromise, Communication, and perhaps Chocolates, too!(承諾、關懷、愛護、妥協、溝通,或許再加上「巧克力」!)

學新加坡族群融合相互包容

當年新加坡因種族歧見而被迫獨立,因而特別注重族群間的和平與平等;在種族多元化的新加坡,飯可以亂吃,但話絕不可以亂說,尤其嚴禁拿種族開玩笑。

❶

每逢選舉期間,很多人就會開始以對方身分來劃分政黨色彩。政治上不同的背景及意見,可以鬧到夫妻失和、家庭革命、親友斷交,你來我往的唇槍舌戰,看得外國人一頭霧水:小小一個台灣,居然還要分內外你我!許多人同樣是在這塊土地上成長,接受一樣的華人傳統文化洗禮,卻一直活在過去的歷史中搞分裂。

受馬國欺凌而被迫獨立

新加坡原是個沒有天然資源的小島,1965年基於種族政策的差異以及多項考量,被迫脫離馬來西亞聯邦,成為獨立主權的國家。當時的總理李光耀主張:在新加坡這塊土地上,各個民族都要享受平等權利,絕對不要像馬來西亞一樣,為了維護原生種族馬來民族的特權,刻意將華人居多的新加坡逐出馬來西亞聯邦。

教會旁的印度廟

　　雖說新加坡是個以華人為主的社會，但是隨處都可以見到印度廟以及回教清真寺。印度廟可能蓋在教堂旁、蓋在中國城裡、蓋在觀音廟旁，無論蓋在哪裡，從來沒有聽說過因此產生任何衝突。新加坡土地資源有限，所有居民就像是乘坐在同一艘大船上，大家都很清楚什麼叫同舟共濟，和睦相處！

　　被迫獨立，對當時的新加坡可說是一個強大的危機，但日後新加坡卻在各民族更加平等的發展下，將之化為轉機，奠定了這塊土地上人民的自我認同感，並建立了不同民族間平等與相互包容的團結基礎。

　　生長在言論開放之台灣的民眾，或許已經習慣政黨間相互叫罵，以及媒體不負責任的報導，但在新加坡卻鮮少看到有人拿種族和信仰來開玩笑。

　　新加坡的朋友提到：有次到歐洲旅遊，看到電視節目中的文化討論脫口秀，邀請了各國人來做訪問，大家對彼此不同的國情文化相互挪揄、彼此嘲笑，最後節目在握手言歡下結束；他說他完全看不出來哪裡好笑。或許是歐美人士心胸比較開闊，但是依華人的眼光來看，不管哪種玩笑，只要牽涉到祖宗八代或全家大小，應該都沒有人會開心吧！即使事後再怎麼強調這只是幽默，恐怕還是會為對方心靈帶來陰影。

> 這裡就像一個小型聯合國，各種不同膚色的人在此和平共處，盡力去了解對方的文化背景及信仰。

❶、❷ 新加坡的主要族群：印度人、馬來人、華人，在新加坡，大家從小就開始認識並學習了解跟文化背景自己不同的人。

不同文，不同種，依然是同胞

小小的新加坡，由於種族多元，為了避免種族宗教文化上的紛爭，政府除了強調族群融合，也嚴禁人民拿文化及宗教作為玩笑的內容。這裡就像一個小型聯合國，各種不同膚色的人在此和平共處，盡力去了解對方的文化背景及信仰。看到新加坡人可以這樣和諧包容地跟不同文化背景的人共處，身為同文同種的台灣人，還在分什麼「番薯」、「芋頭」，不很可笑嗎？

在新加坡許多地方，常可以看到各種宗教建築比鄰而建：出教堂走不了幾公尺就是廟宇，清真寺的附近又有教堂。舉例來說，中國城裡有歷史最悠久的印度廟，印度廟走出來沒幾步又有觀音廟；這些廟宇、教堂就這樣散布在不同住宅區裡，成為人們信仰生活的一部份，卻從沒聽說發生過任何宗教衝突。

矛頭對外，不搞內亂

在世界各地接二連三發生恐怖攻擊之後，回教徒成了千夫所指的對象，但在新加坡並未發生任何衝突。這是因為新加坡政府刻意強調：新加坡人應該團結起來反恐，提高警覺，而不是將情緒遷怒到回教徒身上，反而引發無謂的社會問題。

需要提高警覺的時候，全民矛頭一律對外，不搞內亂。注意力放對了地方，才會達到正面的效果。身為台灣人，是不是也應該團結一致，放棄無謂的內鬥枝節，更加客觀地看待事物呢！

Look Around

新加坡的種族文化豐富，屬於公共資源的圖書館當然也要顧及所有公民的利益；除了國立圖書館有豐富的藏書外，地區性圖書館內的館藏以英文為主，但另有中文、馬來文和印度文的專區。

③ 廣告看板告訴你圖書館的新設施與福利。
④ DVD和CD以及軟體，這是所有圖書館會員都可以使用的資源。
⑤ 左邊中文，右邊英文。
⑥ 一樓童書以及電腦網路使用區。
⑦ 讀書區。

學 新 加 坡 人 保 護 弱 勢 的 婚 姻 律 法

新加坡法律不只積極爭取兩性平等，婚姻律法也保護沒有薪資收入的家庭主婦；一旦走到離婚一途，夫妻財產必須對簿公堂、論功評估。

① 餐廳及攝影的婚禮配套文宣。
②、③ 在政府組屋區一樓活動空間下所舉行的馬來婚禮。
④ 既然兩性平等，當然要有「奶爸」囉！
⑤ 新加坡有不少職業婦女，這時來自東南亞其他國家的女傭，真算是幫了大忙！
⑥ 各國寶寶比賽游泳的照片，很可愛哦！

剛來新加坡的時候，認識了一些嫁給新加坡人的台灣女生，聊起婚禮，也談到新加坡相關的法令政策；朋友半開玩笑地說：「在新加坡結婚真的要三思啊！這裡離婚可是很不好離的唷！」

3年＋4年＝7年！

我這才曉得：在新加坡結婚後，若有意要離婚，必須先上家庭法庭，經過法官判決；但若不是基於規定範圍內的一些重大事項，在結婚的其中一方不同意離婚之狀況下，則必須先分居4年，過完冷靜期，才可以辦理離婚手續。結婚未滿3年的新人，在沒有任何特殊嚴重案情的狀況下，不得申請上家庭法庭請求離婚。和在台灣只需簽字了事的方式比較起來，離婚在這裡算是難上加難；沒有充分理由或不可忍受之原因，法官可是會叫雙方回家冷靜一番。

①

新加坡婚禮在哪裡辦？

新加坡人通常會依照自己的族群、信仰來選擇不同的婚禮形式。婚禮場地也因喜好不同而各有變化：可以選擇在公園、飯店、餐廳、教堂，或其他私人租借空間舉辦。一般最普遍的婚禮地點，就是在政府組屋區一樓的活動空間，這裡算是政府提供給民眾最經濟、實惠，又方便的場地了。

Look Around

新 加 坡 女 人 我 最 大

由於女性本身自我意識不斷提升，加上社會體制與法律的修正改革，現代社會已逐漸接近男女平權的理想。某一所人力資源顧問中心針對亞洲女性所做的調查報告指出：就亞太地區華語區而言，台灣的女性在教育水準上高於同儕，但提到女性擔任高階主管的比例，則以新加坡排名第一。這項調查顯示出新加坡女性在職場上的重要地位，同時新加坡的職業婦女比例也高於其他國家，表現出強勢獨立自主的能力。

小女人那一套，在這裡是不流行。這裡的女人不裝嬌弱、不搞溫柔婉約，在大刺刺的作風下，有著一份女強人的自信和不服輸的氣魄。新加坡從小的教育及家庭觀念，也告訴每個小朋友：大家是平等的，男女沒有差別待遇。新加坡的女生秉持著強烈的自我意識，更是勇敢地在此建立起自己的一片天空！

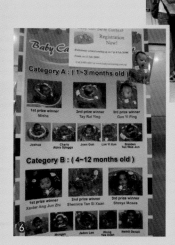

> " 和在台灣只需簽字了事的方式比較起來，
> 離婚在這裡算是難上加難；沒有充分理由
> 或不可忍受之原因，法官可是會叫雙方回
> 家冷靜一番。"

如果抱持「結婚證書不過是一張紙」的想法在新加坡結婚，那可就大錯特錯囉！「婚姻不是兒戲」，是此地法律特別著重突顯的觀念；這樣的法律，同時也促使人們重新思考：婚姻帶給現代人的真正價值與意義，究竟為何？

離婚兩人分離，財產也兩份分離

和台灣較偏袒男性的婚姻法律相較，新加坡的法律明顯地對女性提供較大的保障功能。假設女方是家庭主婦，社會地位處於弱勢，一旦無法在財產分配上取得共識時，法官便會依據精神面或經濟面，評估各方因素，來分攤兩人的財產。如果沒有開設共同戶頭，在雙方辦理離婚時，則會就兩人名下所有形式的財產一起評估分配。因為這裡的法律認為：兩人共同經營的婚姻，和財產絕對有不可分的密切關係；家庭主婦對家庭所付出的心

力，在某些程度上並不亞於男人對家庭經濟的貢獻。

想要對這方面有更一步的了解，請參考下列網站介紹：

1. http://www.singaporelaw.sg/content/LegalTopicsChi.html
   新加坡法律的參考文章。

2. http://app.subcourts.gov.sg/family/faq.aspx?pageid=3688
   關於新加坡辦理離婚的相關法令。

3. http://app.subcourts.gov.sg/family/faq.aspx?pageid=3704
   關於財產分配的相關法令。

4. http://app.subcourts.gov.sg/family/faq.aspx?pageid=3689
   關於孩子扶養權的相關法令。

5. http://www.singaporelawwatch.sg/remweb/comm/urjfeed/index.jsp
   新加坡最新的法律資訊。

新 加 坡 情 人 節

在台灣時，對情人節並沒有太大感受；但新加坡的情人節，不但大小商家一起強烈促銷各式情人節商品，連平常看不到的路邊攤都會冒出來。走在鬧區及購物商場，到處可以看到流動式個人攤販，或是有人乾脆提個籃子，沿街販賣起鮮花、玩偶來；此時凡是身旁有伴的人，不趕快掏出錢包來怎麼行呢！所以每逢情人節期間，就能看到人手一花的特殊景觀；看來新加坡人還真不像台灣人那麼低調呢！

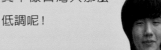

❶～❸ 情人節，花是一定要送的！

❹ 這一天，大概是新加坡流動個人攤販最多的日子吧！不管是學生臨時打工，或是趁此商機想賺一筆錢的，通通都出動了！

❺ 到處都在發巧克力和氣球傳單。

❻ 趁著情人節這個甜蜜的好日子，在購物中心舉辦的婚紗展中，充滿了洽詢的佳偶。由於新加坡本身地方太小，不少婚紗攝影館都提供出國拍照和蜜月的配套選擇。

❼ Free Hug！情人節這天，在街上看到幾個大學生手拿大海報，提供免費的擁抱，讓沒有情人的人也不必黯然神傷哦！

學什麼？ 學新加坡人保護弱勢的婚姻律法 133

學新加坡弱勢者的自我肯定

在新加坡很難看到流浪漢或乞討的老年人，因為政府強烈鼓勵自食其力，而不是靠全體人民的稅賦或社會福利來撫養遊民。

❶ 和一般麥當勞員工的年輕形象不同，這家麥當勞雇用的是清一色的Auntie，但是活力不減！

雖然一般新加坡人的穿著方式著重輕便舒適，但這裡的中高年紀婦女就穿得比較正式；通常是簡便的套裝加上包鞋，再戴上一副眼鏡，看起來多了一份歷練老成之感。一問之下才知道：她們原來大部分都是不折不扣的職業婦女；就連在小販中心吃飯，也常常看到一些年事已高的Uncle、Auntie負責打掃清理。

老當益壯，老而彌堅

有回坐計程車，開計程車的Uncle叫我猜猜他幾歲，因為看不到臉孔，憑著聲音，我猜大概60歲左右吧！Uncle一聽，笑得合不攏嘴，高高興興地說：「我今年72歲啦！連我的孩子都50幾歲了！」嚇了我和同行的朋友一跳。幸好Uncle開車的技術算是相當穩健，完全不會讓我們覺得有什麼異樣。

之後我們才注意到：新加坡計程車司機的

> " 新加坡弱勢者的生活態度是：不帶自卑，
> 做自己能力範圍內能負擔的事情，盡力不
> 造成社會或家庭的額外負擔。"

法定年齡上限是73歲；那麼台灣呢？台灣在2008年更改計程車司機退休上限，由65歲延伸到68歲。就整體情況來說，新加坡的平均退休年齡也比台灣來的高，所以經常可以看到許多接近退休年紀的新加坡人，還在職場上勤奮工作。

延後退休，保障經濟

這樣的現象反映出：新加坡政府為了預防人口發展逐漸邁向老年化，會為整體社會及政府帶來過大的養老負擔，因而鼓勵人民評估個人狀況，延後退休年齡。此舉不但能善用人力資源，也杜絕了歐美一般福利國家制度下所縱容出來的那種「懶人病」。

談到這裡，可能有人會覺得新加坡人很可憐，年紀一大把了還得出來工作；儘管事實如此，卻意外地從來沒有聽過工作的人們抱怨此點。

有一回我和計程車司機聊了起來，談到他們會不會覺得：年紀大了還需要出來工作很辛苦；他表示：將退休年齡延後的政策，其實是保障人民工作的權利。當然，那些經濟上無需擔憂的族群並不在考量範圍內，但是對於一般經濟狀況需要多一份收入的家庭，這項政策降低了工作上的年齡限制，等於提供更多工作機會與幫助。

他以自己的情況為例，他很喜歡現在的工作，因為他的個性就是閒不住，若是退休了，可能還不知道該做什麼才好；而且以目前家裡的狀況，也需要他這份收入，所以對於這樣開放的就業市場以及現在的生活，他都覺得很滿意。他樂觀正面的生活態度鼓舞了我：不要去看自己沒有的，要看自己能做的！

①～**③** 新加坡也有像台灣一樣的鄰里中心，提供各類社交活動及學習課程。
④ 組屋區在假日通常會辦些活動，讓居民闔家同樂。

靠自己最理直氣壯

　　在新加坡幾乎看不到乞丐，這並不是說整體社會富裕到已經沒有窮人，而是大家都有很強的自尊心，不認同手腳健全的人居然需要靠乞討來討生活。在新加坡，即使是身體殘缺、沒有其他生活技能的殘障同胞，也會靠賣面紙維生。所以在小販中心或路邊，偶爾會看到賣面紙的老人，或是坐在輪椅上的殘障同胞；他們並不認為自己需要別人的施捨，所以若是感覺遭人冒犯或歧視，他們會相當氣憤，理直氣壯地告知別人：自己是賣面紙的，並不是乞丐。

　　新加坡弱勢者的生活態度是：不帶自卑，做自己能力範圍內能負擔的事情，盡力不造成社會或家庭的額外負擔。當然新加坡也有幫助弱勢的社會團體，會適度地給予他們支持與協助；但是最讓我敬佩的，還是新加坡人本身對於自我責任的認知，以及那股不服輸的正面態度！

現實的新加坡人？！

社會是現實的，可是新加坡人更是明顯地現實？整體而言，我在新加坡的確感受到比台灣還要強烈的功利主義，但是只要了解這裡的職場及生活環境，再加上政府平日的精神喊話兼訓練，就可以明瞭大環境如何影響了新加坡人的想法，以及為什麼新加坡人這麼怕別人損害到自己的權益。

雖然我們平日可由媒體上得知非洲小孩因飢荒而死亡，然而不是親眼得見，不會真正有怵目驚心的感受；但在新加坡每天上班的途中，幾乎都可以看見坐在卡車上像貨物般擠成一團，被載運到不知何處去的中國及印度勞工，此時舒舒服服坐在計程車裡的我，往往會心生愧疚。

認清現實，自我努力

每天都看得到的這種「鏡頭」，告訴你社會真的是現實的！在這種環境下，如果自己有孩子，你會怎麼教導他們呢？你能像歐美人士一般保持開放心態，告訴他們不必計較收入，只要做自己喜歡的事情就好嗎？依照東方人求安穩的民族習性，應該是不可能的；於是，人與人之間的競爭開始了，比賽一場一場地來了。

新加坡的成功，在於鼓勵並且教育人民：要自己努力求生存，不可以依賴政府。眾所皆知，這裡並不是個「福利國」；新加坡人朋友說：「如果我們不現實，又怎麼能生存到現在！」對照新加坡過去的動亂年代與現今的平和繁榮，你不得不說：這樣的現實主義，正是他們成功的因素之一。如果可以自由抉擇，一個快樂但貧窮的國家，和一個富裕和平但需時時保持自我危機意識的國家，你會選擇那一個呢？

身在福中要惜福

新加坡人民雖有政府強制儲蓄的公基金，但並沒有像台灣健保一般的社會福利，其他社會福利體系也沒有台灣健全。這裡的醫藥費相當高昂，洗牙一次台幣2,000元，私人醫院的各項健康檢查也索價不菲，更遑論其他醫療費用了。我的新加坡朋友一聽說：只要有健保，在台灣洗牙僅需掛號費台幣100元，個個都瞪大了眼睛，露出一副不可置信的模樣。我只能說台灣的社會福利做得太好，大家反而「身在福中不知福」哩！

① 和可愛的馬來同事一起去上CPR急救課程,只不過是練習綁個
繃帶,她馬上說唱俱佳地演起戲來!

② 慶祝生日,大家聚在一起,熱鬧是一定有的;朋友請的酒,也
是一定得要一口氣乾掉的唷!

學 新 加 坡
馬 來 人 的
爽 朗 樂 觀

只要接觸過新加坡馬來人,立刻會被
他們爽朗樂天的個性所吸引。他們的
熱情奔放有如拉丁民族,從做事態度
到家庭教育,樣樣都對成長於儒家思
想中的華人造成衝擊。

在新加坡的職場環境中,通常可以遇到許
多不同國籍的人;身邊的同事來自世界各地,
除了新加坡本地人,還有馬來西亞人、印尼人、
印度人、菲律賓人、美國人、英國人、韓國人、
日本人、澳洲人、中國人等等。來自不同國家的
人,做起事來態度自然各不相同,但在眾多同
事中,讓我感受最深刻的還是馬來同事。

樂天爽朗的討喜個性

不知道為什麼,跟他們在一起總是特別有
活力;他們個性直爽,笑容滿面,遇到不滿意
的事,直接霹靂啪拉批評起來,情緒一覽無
疑,藏也藏不住;但不好的情緒來得快也去
得快,總是認為:天塌下來,有高的人擋,沒
什麼大不了的,生活本來就該開心嘛!

相較於華人的一板一眼,他們愛開玩笑的天
性看待事情多了份幽默感,即使是原本讓人
無法接受的狀況,也會因為換個方向想,馬上
覺得沒那麼嚴重。我從馬來朋友樂天爽朗的
生活態度學到:就算再乏味的事,都可以靠自
己採取不同態度,而從其過程感受到樂趣。

公司裡有位馬來主管,上班時常常順手買
些點心零食給大家;平時發現什麼新東西,也
毫不吝嗇與每個人分享。他的個性愛熱鬧,
幾乎大多數聯絡大家感情的party聚餐,都
是他起的頭,而且從來也不計較別人是否有

> 在他們正向積極的生活方式中，似乎少了功利批判的眼神。看到新加坡另一種民族的生活價值觀，不禁教人重新思考：什麼才是「幸福」真正的定義呢？

所回饋，或是否協力幫忙。這種樂於分享的態度，讓他深受大家喜愛，所以一旦他有事需要同事幫忙，大家都絕對二話不說，馬上點頭。

愛人也愛己

對朋友這樣慷慨，當然不會忘了善待自己。平日他全身上下精品行頭一樣不缺；手機剛出，要買！最近皮膚缺水，需要做臉保養！下次休假，該去東南亞其他小島度假。生活上該有的享受，他一樣也沒少！沒錯，他就是標準的「馬來月光族」！幸虧新加坡政府強制規定要繳國民公基金(CPF)，而且每月會自動由薪資戶頭中扣除；讓他好歹還是存了點老本！

大多數馬來人就是有這樣樂天爽朗的個性、拉丁民族般的熱情。當然他們及時行樂的天性，常招來「馬來人比較懶惰」的批評；還有他們不像華人一般抱持事事看重的生活態度，也造就了馬來人平均學歷沒有華人

高，以及社會地位多屬中下階級的實況。

價值觀不同，人生道路殊異

不過這也是源於種族及文化上的差異；信仰回教的馬來人，多數認為家庭生活比社會地位成就重要，鼓勵多生育，家人永遠擺第一，接下來才是其他東西。不像華人家庭強調從小就要努力讀書，拿到好成績後進入名校，未來才可以成功卡位，獲得好的工作機會；如此汲汲營營的人生，無非是為了在競爭激烈的社會裡出頭。

成功的定義，從馬來人的角度，和我們身為華人的角度來看，似乎有截然不同的答案。不同的家庭教育，帶來不同的人生價值觀；在他們正向積極的生活方式中，似乎少了功利批判的眼神。看到新加坡另一種民族的生活價值觀，不禁教人重新思考：什麼才是「幸福」真正的定義呢？

Look Around

我的馬來麻吉

在新加坡，可以跟我天南地北隨便亂聊、有煩惱時消愁解憂、有問題時給我援手，重點是個性還要夠幽默有趣——這樣的朋友不好找，Jan Faizal正是其一。他年少輕狂時有說不完的瘋狂糗事，如今雖已30好幾，仍保有一顆年輕的心。

堅持做自己喜歡的事

過往的豐富人生經驗及稍特殊的家庭背景，都給他不同的影響及啓發。他的父母分別是新加坡馬來人及華人，依照回教律法，母親婚後順理成章飯依回教；但從小充滿主見的他，自我抉擇並未受回教背景影響，在青少年時期就受洗改信天主教。

學生時期他除了組Band，還開舞蹈教室教人跳舞，後來發現自己對料理的興趣與熱情，便毅然決然轉換跑道，開拓新天地。他說過：「只要朝自己喜歡的事情堅持下去，一定會成功！重點是一定要做自己喜歡的事！」他也確實做到了！這種話其實大家都會說，但他動手實踐的勇氣與熱情，真的讓大家望塵莫及。

他和義大利籍前妻幾年前離了婚，然而這項重大改變並未擊倒他正面樂觀的生活態度。雖然過往感情生活不順遂，他卻說：「這都是學習的過程；我很感謝過去出現在我生命中的這些人，我從他們身上學習到

很多事，也學到不要再犯同樣的錯誤。」他不僅對工作熱情投入，還到慈善機構當義工；現在除了在飯店工作，也在學校當講師，未來希望能自己設立機構，輔導需要學習一技之長的弱勢族群。

處處感恩自然快樂

剛認識他時，正是我人生某個低潮期；他總會和我分享一些生活中的美好感覺，像是一早起來灑在地上的陽光、空中飛翔的鳥兒……，這些事物讓他多麼感恩！還有別人喜歡他做的菜時，他有多感動等等。當時我聽了完全傻眼，畢竟男人中像他這樣擅長描述並欣賞抽象感覺的，還真是不多。

依他對人生的熱情及述說能力，如果改行從事保險或直銷，應該足以迅速當上鑽石級總經理之類的職位吧！但經過長久觀察，我才漸漸了解：這不是直銷大會，那些聽起來有如天方夜譚的誇張形容，可是他貨真價實的感覺，而且他真的想把這種快樂散發給周遭朋友！最近他很開心地跟我說：「I am in LOVE！」看到他歡天喜地的神情，我知道：好人是一定有好報的！

←Jan Faizal以前工作的餐飲機構用他的相片做成廣告明信片，上面寫著「SERVED WITH LOVE」，我知道這是他的真心話！

Look Around

冷漠的新加坡華人？！

剛到新加坡來的朋友，或是曾到新加坡旅遊過的人，一開始對新加坡人的第一印象，大概都不外乎新加坡華人的冷漠，以及過度直接而顯得無禮的說話方式。還記得我剛來的時候，在街上問路：請問ＸＸＸ怎麼走？結果對方面無表情地向斜對角隨便指了個方向說：「那裡！」哇勒！那裡到底是哪裡呀？他莫名其妙的指示讓我完全摸不著頭緒，結果傻愣愣地和他對視半天，後來硬著頭皮再問了一次，希望他可以做詳細一點的說明，但對方卻一副不願意幫忙的不耐煩態度。後來我問路時都盡量找馬來人或是印度人，或許因為他們在新加坡是少數族群，態度總是比較親切。

交遊圈固定，外人難信賴

當然，這樣的不愉快經驗可能只是因為一時運氣不佳，但就連我的新加坡華人朋友，也覺得自己人很冷漠。在都市的競爭發展中，好像人人都怕身邊有人會做出對自己不利的事情；這種自我保護的心態，造成新加坡人對陌生人的距離感。

在報社工作的朋友表示：或許在台灣長大的我們，很難了解這一點。在新加坡這麼小的地方，大家都是在熟悉的環境中長大，從小讀書到長大工作的朋友，可能都是同一群人。這是因為從國小到中學大學，大致都在一樣的學校上課，畢了業後進一樣的公司工作，出了社會也常發現大家其實都畢業於同一所學校。這種校友關係，衍生出相似的人脈網路，朋友之間往往連facebook(從美國開始的社交網站，新加坡人普遍使用，網址：http://www.facebook.com)的交友群也是類似背景的人；沒有出國讀書者，可能要到結婚後，才會離開自己的原生家庭圈。

生活變化大，交友彈性高

反觀在台灣成長的我們：光是國小大概就會分班好幾次；國中不是依學區就讀，就是進入另外招考的私立學校，此時又會遇上一批新的朋友；到了大學，還可能到外縣市求學。這種情況下，通常要有一個從小到大一起學習及成長的朋友，還真是不容易。

與新加坡相較，我們的成長環境變化高得多，這是社會環境造成的文化差異。再加上新加坡政府的教育方式，不時要求居民應隨時提高警覺，這也難怪某些新加坡華人，在面對陌生人時，會採取防備與冷漠的態度。若是在新加坡遇到華人同胞冷眼以對，我只能說：台灣人心胸寬大，這些小事，我們就別計較了吧！

看新加坡人對新聞媒體的把關

台灣沒有新聞管制，但新聞只報政治口水和八卦瑣事；新加坡有媒體控管，但新聞著重亞洲和世界的重大事件，孰優？孰劣？

❶、❷ 新加坡電視基本頻道中免費的馬來和印度頻道。

在狗仔文化氾濫的今天，大概只有少數幾個國家的新聞媒體，還是受到政府嚴格的控管，新加坡就是其中之一。雖然我們可以批評說：這是專制的表現，但另一方面，這也讓新加坡的新聞省掉毫無營養的芭樂瑣事，留下宏觀全球的社會大事。

言論自由＝口水戰？

在搭乘飛機從台灣往新加坡的途中，我和坐在旁邊的新加坡女生聊了起來，她談到台灣讓她印象最深刻的一些情況：包括台灣人對陌生人的協助及親切態度、台灣的流行文化，以及台灣人自由創意的生活巧思，這些都讓她耳目一新，成了台灣的粉絲。

好話都說盡後，我問她對於台灣有沒有其他負面的經驗或印象？她直接提起新聞以及她看到的所謂自由言論。因為她在台灣旅遊的時候正值選舉期間，打開電視，新聞裡撥

> 在這裡看不到羶色腥口味的八卦文化，也少了只談瑣碎雜事的地方消息；這裡著重的是亞洲及世界各地的重大新聞。

放的大多是政治議題新聞，不是政黨互相抨擊，就是大肆批評的口水戰；視聽倍感辛辣之餘，不免讓她擔心這些對社會的負面影響。

外國人的台灣印象：亂

在新加坡生活的日子裡，每回坐上計程車，司機一得知我是台灣人，往往立刻滔滔不絕地跟我聊起台灣的政治。因為同樣是華人，不少新加坡人家裡也加裝了台灣的頻道，所以新加坡人對台灣的政治狀況，其實比我們想像中還要注意及了解。最常被問到的一句話就是：「你們台灣很亂吧？最近那個某某不是……」連馬來人的同事都忍不住問我：「台灣的政治一天到晚吵得沸沸揚揚，生活還OK嗎？感覺好像很亂啊！」

「很OK啊！吵歸吵，很多時候都是媒體太誇張，大家還是一樣開心地生活啊！」我總

是輕描淡寫地帶過。但是台灣人的性格裡，似乎就是多了一股這樣的熱血，看到事情心生不平，就是一定要說出來、要表態；只可惜有時說得太激動，不懂得拿捏分寸，什麼阿貓阿狗的話都溜出口來。

大家習慣了重口味，自己以為吵一吵就算了，但是看在外人眼裡，往往成了笑話。這確實是一種社會亂象，也難怪每每遇到來自歐美的外國朋友，他們對台灣的深刻印象，老是停留在人人武功深厚，隨時可以拋桌丟椅的立法院……。

政府有績效，民眾怨聲小

相對於台灣人民的言論自由，以及有話就說、可以對政府大肆批評的舉動，新加坡在這方面顯得保守許多；不但很少看見有人大聲批評政府——可以說幾乎沒有，更不用提所謂的示威遊行了。

雖然這是因為新加坡政府執法嚴謹,以強勢作風壓抑了民聲,但若請教新加坡本地人,得到的答案幾乎都一致:雖然人民私下還是有異議之聲,不過普遍都對新加坡政府很有信心;所以當政府決定要做什麼改變時,大部分人還是採取支持的態度。

這是因為政府做事的績效,人民都看得到;每年確實進行的政策建設,也的確讓新加坡競爭力不斷提升。新加坡這些在各方面的顯著發展,讓新加坡政府在政策的推廣與實施方面,獲得一般民眾普遍的支持與認同。

新聞台播重要新聞

新加坡的有線電視,除了基本頻道以外,有5個頻道撥放英文節目、8個頻道撥放中文節目,另外還有U頻道、馬來以及印度頻道。每個頻道都有專屬的新聞節目,其中亞洲新聞台(Channel NewsAsia)是一般民眾接受新聞訊息的最主要來源;這是新加坡最大媒體「新傳媒」旗下的新聞台,為全天候播報的英文新聞電台。在這裡看不到羶色腥口味的八卦文化,也少了只談瑣碎雜事的地方消息;這裡著重的是亞洲及世界各地的重大新聞。

許多人批評新加坡政府的專制,以及言論及新聞的不自由;但是反觀台灣的新聞節目,大部分時間都花在報導一些沒有意義的芭樂新聞和政治口水,國際新聞少得可憐。所有的話題幾乎只專注於台灣的政治亂象和名人八卦,不但缺乏知識性,也幾乎失去提供人民國際觀的功能。

抬頭才看得到世界

新聞報導的肥皂劇化,讓大眾目光短淺,逐漸失去宏觀的能力,可謂浪費了龐大的社會成本。看到新加坡的媒體,再反觀台灣,我們是否該更努力開拓自己的視野呢!讓我們給少數認真做新聞的媒體多點鼓勵,將眼光放遠,關心世界大小事,而不是一天到晚執著於本土政治吧!正如台灣雲門舞集總監林懷民所說的:「抬起頭來,不要只看肚臍眼;讓世界、知識和美進入我們的生活!」

上網增見聞

由下列網站可以進一步了解新加坡新聞界:

亞洲新聞網:http://www.channel newsasia.com,不只由亞洲宏觀世界,也有各類新聞主題的深入探討。

中文網站:http://www.cna chinese.com、http://www.xin.sg。

「我報」網站:http://www.omy.sg,新加坡免費中英文報之一,可在上面看到即時新聞,或查詢所有新的活動訊息。

居安思危的思考模式

❶ 告訴你：低犯罪率不等於零犯罪率！

❷、❸ 小販中心桌上的告示，告訴你：請小心看管個人財物！以及警告不得雇請非法外籍勞工！

❹ 大家覺得新加坡很安全，女孩子夜晚一個人走在路上也沒關係，但是告示還是要警告你，要你避免一個人回家！

❺ 公車站的看板，不定期更換各式廣告。

❻ Careless，Cashless！

❼ 「Our security is in your hands.」（我們的安全就操之在你的手中），貼在捷運車廂內的海報，加上不斷播報預防恐怖份子炸彈客的短片，都是要讓全民提高警覺，隨時注意可疑份子及可疑物品。

❽ 這一系列好笑的漫畫有各種主題，在不同的區域都可以看得到。在圖書館的漫畫，提醒你不要占用過多的空間或在此睡覺；講手機時不要大聲喧譁；可以運用email通知借書到期日服務，免得受到罰金；看書時也要保持書本乾淨，免得下一位使用者過度「驚喜」！

RECREATION

學 新 加 坡 人 樂

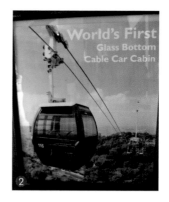

① 跨年前夕的購物中心人潮；因為晚上有跨年活動，單單一下午就湧進不少人潮。

② 就是要搶第一，連纜車的告示都要告訴你：這個玻璃底的設計也是全世界第一唷！

③ 新加坡首創夜間動物園，也在公車站屋頂上設置了立體廣告。

看新加坡人不落人後的玩樂精神

新加坡人的Kiasu(怕輸)精神，表現在日常生活上，就是樣樣新玩意都要比別人搶先玩到；但表現在國家性格上，則成了促進國家領先他國的進取動力。

「你知道那個在XX新開的餐廳OO嗎？」

「那個啊！早就去過啦！那間已經開一陣子了，氣氛還不錯！」

不知道為什麼，在新加坡，類似這樣的對話真的是屢見不鮮。

管它是什麼，先搶頭香再說！

在這裡我老覺得自己慢半拍，不管是他人或雜誌上推薦的餐廳、酒館，或新鮮有趣的玩意兒，隨便開口問問，大多數新加坡朋友都說：早就去過、吃過、玩過了。凡是報章雜誌電視介紹的地方，不用說，過了幾天鐵定大排長龍。似乎是因為新加坡地方小，沒地方可跑，所以一有什麼新東西，大家都想跑在前面搶新鮮。

連新加坡人都揶揄自己：「新加坡人就是ㄅㄧㄚˋ輸(福建話：怕輸)啊！什麼都要跑第

> 有了這些成就還是嫌不夠，仍然一次又一次在各方面求勝，就是想吸引到全世界的目光。新加坡人「怕輸」的精神，還蠻有正面效果呢！

一，就怕落後了輸給人家。」到底有多怕呢？走在路上，看到某處大排長龍，很多人就算沒搞清楚狀況，不知道在排些什麼，也會趕快跑過去——反正先排了再說；結果問了排在前面的其他人，往往會發現別人也是抱著湊熱鬧的心情，沒幾個人真的了解自己究竟在等什麼！以上雖然像是個笑話，卻也是標準的新加坡怕輸情境！

「怕輸」成為進步動力

新加坡人的典型國民性格有三怕：「怕輸、怕死、怕政府」，這可是連新加坡自己都承認的事實。什麼都要搶先求贏的個性，不只發揮在玩樂方面，從小朋友下了課有參加不完的才藝補習狀況，就可窺見一斑；這裡的為人父母者和台灣一樣，人人都希望小朋友能贏在起跑點。長大後進了職場工作，新加坡人也是樣樣都要搶第一，不想輸給人家；要求自己務必領先的意識，還真的是比其他國家的人強。說起來，這其實和台灣以前「愛拼才會贏！」的口號，創造出經濟奇蹟的精神頗為類似。

新加坡的怕輸精神，真的也讓他們不斷創造出許多「世界第一」的項目：為了要吸引更多觀光客，有了世界首創的夜間動物園、有世界最大的噴水池(財富之泉，位於Suntec City)、有世界最大的摩天輪、爭取成為世界第一個舉辦夜間F1賽車的城市；有了這些成就還是嫌不夠，仍然一次又一次在各方面求勝，就是想吸引到全世界的目光。新加坡人「怕輸」的精神，還蠻有正面效果呢！

❸

① 電影：「錢不夠用2」海報。
② 電影：「小孩不笨2」海報。

從電影了解新加坡文化

　　要了解新加坡文化，可以從電影中去觀察。新加坡的電影市場雖不大，但近年有幾位新加坡導演，把這裡的本土特色及特殊文化拍進電影裡，例如特殊的Singlish和新加坡社會價值等問題，都變成當地電影的特色題材，博得不少好評。

　　像是梁智強導演的社會寫實風格作品，可以讓人清楚窺見新加坡社會體制下的種種情況，儘管電影的基調走諷刺路線，卻仍充滿人文關懷的情懷。他的作品：「小孩不笨1、2集」，以3名國小三年級學生的不同家庭成長背景為情節主線，用幽默的方式來檢討新加坡的教育體制；「錢不夠用1、2集」，則是藉由社會階層不同的三兄弟，論述一般新加坡人在富裕社會下的生存方式。家家都有本難唸的經，國家與國家也有不同的課題需要去面對，外國的月亮真的沒有比較圓啦！

另外兩「怕」

　　順便談談新加坡人的「怕死」和「怕政府」。新加坡這個島國，常比喻自己像艘小船，少許的動搖也可能造成意外翻船；為了維持平衡，務必要全員一心，因此政府採取比一般國家還要嚴格的管理方式。

　　大家都知道：嚴刑峻法下，自然會有奉公守法的人民。所謂「情、理、法」，在新加坡，「法」可是擺第一，什麼事都規定得名正言順；如果是違法或冒險的事，被抓到後會損害到自己的生活與生存，哪怕是親朋好友千請求萬拜託，新加坡人也會說：「No！」

　　雖然新加坡人常揶揄自己「怕政府」，不敢發表太多自我言論，但是換個角度看，這也反映出民眾普遍對政府的信賴。和台灣人的小聰明和重視人情比較起來，新加坡人的「怕死」性格，以及對於事情的執著和死腦筋，倒也成了構築秩序井然之守法社會的推手。

③ 新加坡雖小，玩喝玩樂的場所變化相當快，經常有新店家、新設施成立；這是書報攤上專門介紹餐廳的書籍。

④ 為了宣傳2008年新加坡舉辦第一屆的夜間F1賽車，而設立在烏節路公車站上的立體廣告。

Look Around

愛賭恐怕是人類的天性吧！當我第一次看到新加坡人大排長龍，在稱為「Singapore Pools」的店門前等著買彩券時，心裡第一個反應就是：新加坡人還真愛賭！不過再仔細一想：台灣樂透獎金槓龜多期，累積到數億元時，大家不也一樣瘋狂地排長龍買樂透嗎！

新加坡的合法賭博有好幾種。由於60年代地下賭博猖獗，新加坡政府在1968年開設了新加坡博彩公司，希望能消弭非法賭博，讓所有賭博活動化暗為明，易於管理。由於風氣逐漸開放，新加坡博彩公司在2004年5月成為財政部屬下新加坡賽馬博彩管理局的子公司，目前賭馬、賭足球、賽車都涵蓋於其營業範圍內。

4D人人愛

最受一般民眾歡迎的算是4D：選4個數字，每週開獎3次。玩法簡單，對我們這種不打算花精力研究，只是偶爾心血來潮、想試試手氣的湊熱鬧者最適合不過。新加坡人瘋4D，靈感隨處一觸即發，看到什麼都可以聯想到獎號，市面上連獎號的解夢書都有。

參考網站：http://www.singaporepools.com.sg，各式賭馬賭球的玩法，在網頁裡都有詳盡介紹。

① 平日下午也大排長龍的Singapore Pools。
② 不是每間Singapore Pools都能賭馬，必須到有賭馬經營權的分店，才可以買到馬票。
③ 4D彩單。
④ 各式賭博的彩單。

學新加坡人在熱帶叢林中享都市之樂

拜新加坡的綠色環境所賜,到處都有綠樹成蔭的地段,而在這些都市中的自然風光區內,不時有設計幽雅的店家提供餐飲及其他服務,讓人能同時享受都會及鄉野風情。

① 峇里島風格的餐廳;標榜的特色是:如果你沒時間去峇里島,那就到這裡來吧!

②~⑤ 新加坡的餐廳大多採半開放式,充分與周圍自然景觀結合。

無論你在新加坡哪個地方,幾乎都可以在車程5到10分鐘的距離內,找到一片猶如未開化熱帶雨林的地區。這樣的綠色地帶,也在詳細規劃下,和餐飲商家自然地結合在一起;這些店家大都採用半開放式的場地,提供來客有如進入叢林內活動般的休閒新體驗。

軍營新面貌

在烏節路附近的登布西山(Dempsey Hill),有許多餐廳、酒吧、古董店、藝術畫廊、有機食物專賣店等等,很難想像這裡從前是英軍軍營,以及新加坡中央人力局(Central Manpower Base of Singapore,CMPB)的基地,也是早期新加坡人服役時的訓練場所。

就像在深山裡的世外桃源一般,原來的山地營區,如今已變成新穎時尚的休閒地點。

其中一間我很喜歡的餐廳「House」，經營內容結合了咖啡廳、餐廳和SPA；其室內外空間合併及落地玻璃透光的設計，就像它的名字一樣，讓客人在舒適的環境裡，感受到賓至如歸，如同回到自家般的輕鬆閒適感。除了餐飲服務，這裡也不定期舉辦一些活動，例如繪畫和瑜珈課程等，提供大眾休閒之餘的社交場所。

> 這樣的綠色地帶，也在詳細規劃下，和餐飲商家自然地結合在一起；這些店家大都採用半開放式的場地，提供來客有如進入叢林內活動般的休閒新體驗。

綠意中的異國風情

新加坡像登布西山這樣餐飲聚集的地方還真不少，像是亞歷山大鏈帶(Alexandra Link)附近，即綠色步道的亞歷山大路接近Lock Road一帶，也有許多戶外開放式的餐廳酒吧。無論是峇里島風格或地中海風格，在此都不難見到，所以此地標榜的特色是：「如果你不能立刻出國度假，那麼就來這裡吧！」這裡還有不少採情境式布置的戶外家具店、古董店等；吃東西吃飽了，逛遍不同的商家後，還可以到綠色步道走走，散個步幫助消化！

除了這類店家齊聚一堂的休閒商業區以外，無論是開在組屋區公園內的餐廳，或是24小時營業的麥當勞，其綠意之盎然，常讓人覺得彷彿在森林裡用餐一般。伴隨著新加坡政府保護天然資源、維護現有熱帶雨林的措施，新加坡出現了不少新興的世外桃源；一片青翠的美景中，點綴著半開放式的餐廳、酒吧，讓原本屬於都市的享樂氣息，奇妙地和大自然融合在一起。

想去玩玩嗎？可以先參考下列的網站：

Dempsey Hill網站：http://www.dempseyhill.com/history.htm。

House餐廳網站：http://www.dempseyhouse.com，前美軍營地改建的。

❶∼❸ 亞歷山大路接近Lock Road一帶聚集的餐飲店家。
❹、❺ 登布西山(Dempsey Hill)有許多餐廳以及酒吧。
❻ 荷蘭村一帶有不少義大利餐廳，坐落於安靜的住宅區裡。

1. 下午想偷懶的人,夜裡想放鬆的人,不妨都到「吧」去喝一杯吧!
2. 大型螢幕或投影的閉路電視,是「吧」裡不可或缺的設備。
3. 新加坡克拉碼頭(Clarke Quay)旁,有玩不完的河岸餐廳和酒吧。
4. 新加坡菸酒賦稅重,但是一般的Happy Hour,以及部分夜店的Lady's Night優惠暢飲的活動,可為來客的荷包省下不少鈔票!
5. 、6 花招百出的新加坡夜店。

看新加坡人的酒吧文化

在大部分台灣人的生活裡,根本就不會需要靠酒吧這類場所,來製造社交機會、提供親友聯誼;但在新加坡,酒吧可是個包羅萬象,可以闔家同樂的娛樂休閒場所!

你多久會去一次酒吧或夜店(在新加坡可說是bar、pub、club的泛稱)?提到酒吧,你的定義又是什麼?除了想像中一定要有的高腳桌椅外,你認為酒吧裡提供的,究竟是輕鬆休閒的浪漫風格,還是紙醉金迷的浮靡氣氛呢?

大家都愛酒吧

新加坡酒吧的數量及其在市區內可見的頻率,大概就像日本暗藏在巷弄中的日式酒吧(Snack bars)一樣為數驚人;這也代表著酒吧對於一般新加坡人,以及在這裡生活的外國族群,有多麼地重要!

新加坡政府對餐飲業採集中管理的方式,並不是隨處都可以開設酒吧及餐廳;因此,除了小販中心及組屋樓下的雜貨店外,大部分的餐飲娛樂場所,都集中在市區內。沿著新加坡河岸、市中心、金融商業區等,有不

少半戶外式的酒吧，就坐落於各個高樓大廈的一、二樓。

一早就開的酒吧！

這裡的酒吧，可不是從傍晚才開始營業；他們打從上午就打開門窗，準備好戶外的高腳桌椅。服務的客人族群，包括一早想來份Branch(早午餐)的、中午外出用餐的、下午溜出來喘口氣的、傍晚結束工作後想喝一杯再回家的上班或非上班族等等，從早上開始一路營業到深夜。

這類型的酒吧，其實算是複合式餐飲，營業範圍從早包到晚；室內的空間設計及氣氛營造，偏向輕鬆的運動酒吧型態：一定要有掛在牆上的螢幕或是投影電視。每逢大型運動賽事，如足球聯賽等的旺季期間，入夜後通常座無虛席；熱鬧的氣氛，猶如大型派對，球員的一舉一動，在在吸引每位在場者聚精會神的專注眼神，只要支持的球隊進了一球，全場馬上歡聲雷動。

一旦去過這種場合，遇到大型比賽盛事，一定會覺得一個人在家看直播真沒意思，當然要拉親朋好友一起到此同樂囉！

> 一旦去過了這種場合，遇到大型比賽盛事，一定會覺得一個人在家看直播真沒意思，當然要拉親朋好友一起到此同樂囉！

放鬆享樂好去處

下班後，單身同事們吃飯聊天的最佳場所也是酒吧。點些輕食，配杯啤酒，好不容易結束了忙碌的一天，這就是最能放鬆享樂的時刻了。

喜歡唱歌的人，還有卡拉OK吧，可以滿足你想在人前高歌一曲的欲望：麥克風、點歌台、懸吊式電視機，整間吧就像個大包廂似的，再不熟的陌生人，你來我往唱個幾次也熟稔了起來。

酒吧也是一般人重要的社交場所。剛來到新加坡的人、想要認識新朋友的人、有什麼疑難雜症需要當地資訊的人，去一趟愛爾蘭吧(Irish Bar)吧！Live Band的熱鬧氣氛，不論是三兩成群，還是孤家寡人坐在吧台旁，都可以輕鬆融入現場氣氛。通常酒吧裡也會有許多的免費生活雜誌，告訴你還有哪裡有新鮮好玩的東西。

夜店看秀，選擇多多

看似保守的新加坡，為了讓這裡變得更有趣，可是不斷在求新求變。2005年底引進了來自巴黎的知名「瘋馬秀」(全裸歌舞秀)。在克拉碼頭演出，讓新加坡成為亞洲唯一爭取到此表演的首站。啼聲初試，雖然在2006年初宣告失敗(發言人表示：可能因新加坡政府對瘋馬秀廣告要求太嚴謹，使得廣告效果受影響，導致票房不佳)，但已逐漸開啓了新加坡人對外來表演的接受度。

Club(夜店)的汰舊換新速度也很快，只要一陣子不在新加坡，回去後馬上會發現克拉碼頭的Club又換了好幾家。有的請來拉丁南美樂團駐唱；有的邀馬戲團在舞台上表演吊繩索、跳火圈、甩彩帶；也有日本或歐洲的國際夜店，來這裡開設分店。

如果以為新加坡很洋派，什麼都是歐美進口，那麼來點本土風味吧！這裡也有以演唱

酒吧消費的省錢時段

　　新加坡的菸酒稅很重,所以酒吧的消費也比台灣高;不過只要抓準了傍晚到9點之間的Happy Hour時段,即使是阮囊羞澀,想節省荷包的人,也可以盡情享受,氣氛不打折。

　　許多Club在週三或週四並有「Lady's Night」(淑女之夜)的活動,讓女生可以用優惠價格通宵暢飲,甚至免費暢飲。只要有諸多女士捧場,自然能為酒吧吸引更多男士來消費囉!

① 新加坡觀光局製作的夜間地圖,標明了熱門的夜間去處。來自日本六本木、荷蘭阿姆斯特丹等各地的國際著名夜店,都紛紛進駐新加坡。
② 幾乎所有酒吧都有Happy Hour的促銷。
③ Lady's Night免費暢飲的排隊人潮。
④ Happy Hour的招牌。

華語為主的Club,場內普通語、廣東話、福建話的老歌通通上陣,偶爾還會夾雜幾首日文歌,連美國籍主唱也唱起廣東歌來!除了歌手背後有陣容浩大的舞群外,特殊造型在此也絕對不可或缺,往往花招百出,教人眼花撩亂,保證就算土、也能土得讓人目瞪口呆!

玩家告訴你怎麼玩

最近又流行些什麼呢?嗯!我可得好好搜尋一下了。以下是資訊來源之一:

Time Singapore:http://www.timeoutsingapore.com/clubs,要找好吃好玩的新消息,看這裡就對了!

Do you know......

看新加坡各民族的嘉年華節慶

❶～❹ 新年期間的中國城。

新加坡有三種主要民族，託了大家的福，放假也是依三種民族的習俗來放；那麼想必新加坡假期應該比其他亞洲國家多吧？那你可就「想太多」了！

華人、馬來人、印度人是新加坡的三大主要民族，但在假期方面，這裡華人的農曆新年只放初一和初二，加上基督教的耶穌受難日(Good Friday)、佛教的衛塞節(Vesak Day)、馬來回教的開齋節(Hari Raya Puasa)、印度人的屠妖節(Deepavali)，馬來的哈芝節(Hari Raya Haji)，還有最後接近年末的聖誕節，整體而言，國定節日的總數也只是和台灣不分上下而已。不過各種宗教、種族琳瑯滿目的相異文化，倒是讓慶典活動增添了許多新鮮有趣的玩意兒！

慶典市集最熱鬧

由於各種族信仰不同，有不同的曆法，所以每年的國定假日也不盡相同。新加坡沒有固定地點的夜市，唯獨在各種族的慶典來臨之際，在不同區域會有臨時攤販的設置規劃。

舉例來說：華人的農曆新年前夕，中國城一帶會擺出年貨大街，就像台灣的迪化街一樣；舉凡過年用的到、吃的到的通通有賣，每天營業到午夜，一直營業到除夕，最後一天還有降價大拍賣。

馬來人的齋戒期間長達1個月，每天要到日落後才能進食，開齋節(Hari Raya Puasa)則是慶祝齋戒月的結束。在齋戒月期間，東邊的甘榜格南(Kampong Glam)會有夜間市集，販售各式馬來食物及生活用品，從日落後開始營業；讓馬來人在齋戒期間，能來此採買節慶所需物品及進食。

> 由於各種族信仰不同，有不同的曆法，所以每年的國定假日也不盡相同。新加坡沒有固定地點的夜市，唯獨在各種族的慶典來臨之際，在不同區域會有臨時攤販的設置規劃。

長達整月的印度節慶

10月印度人的屠妖節，又叫做燈節，是紀念正義戰勝邪惡的節日。燈節活動長達1個月，每戶家庭在這時候會點上油燈，在家裡的地上作畫(Kolam)，迎接財富之神Lakshmi和好運的光臨。這段時期小印度區會張燈結綵，以各式燈飾點綴街景；另外在實龍崗路(Serangoon)一帶，以及小印度到干貝爾巷(campbell lane)等區，也會有表演活動及市集，販售各類服飾、手飾、地毯、食物、香料及花飾，供民眾購買節慶所需物品。

此外，佛教的衛塞節是慶祝佛祖誕生的節慶；各廟宇都有和尚誦經的儀式，並會在那一天準備放生活動。

印度屠妖節使用的油燈蠟燭。

氣氛異，熱情同

新加坡的三大節慶，指的是華人的中秋節、回教的開齋節、印度人的屠妖節；其他還有許多大大小小未被列入國定假日的節慶，各類慶典樣樣不缺，似乎台灣民間信仰常有的神明生日，在印度教以及回教信仰中也不例外。不過只要親身現場參與，還是可以感受到不同民族的嘉年華氣息，仍然有因其文化相異而形成的不同氣氛。

想知道何時去新加坡可以遇上節慶，請參考這裡：

新加坡人力局網站：http://www.mom.gov.sg/publish/momportal/en/general/2009_Public_Holidays.html，上有全年國定假日的公告。

Look Around

新加坡沒有固定地點的夜市，可是卻有不定期在住宅區附近出現，搭起臨時帳棚營業的流動市集。Pasar Malam是馬來話「夜市」的意思，舉凡鍋碗瓢盆、五金雜貨，各類小吃、服飾皮件，這裡統統找得到，讓你不用出遠門，舉手之勞就能購得所需。

像這樣的流動攤販，會在全國各組屋住宅區巡迴，每次大約停留1到2星期。從市集開幕前3、4天就會開始搭鋼架，讓民眾得知：「哇！Pasar Malam要來了！」這下子晚上想吃宵夜，就不用大老遠跑去找小販中心或24小時開放的麥當勞，只要下個樓就有得吃、有得玩啦！

❶、❷ Pasar Malam以馬來小吃為主，像是炸魚餅、蝦餅之類，華人點心也很常見。
❸ 台灣夜市有撈金魚，這裡則是釣「魚」！
❹ 還有小朋友的臨時遊樂園唷！
❺ 台灣小吃在這裡也很受歡迎喔！
❻ Roti John是Pasar Malam一定會有的小吃。

Look Around

大　寶　森　節

大寶森節是在印度教淡米爾曆滿月的那天所舉行，是印度教徒贖罪、奉獻、感恩的日子；其怵目驚心的場景，使得這個節日成為台灣人對印度節日印象最深刻的部分。

令人咋舌的儀式

慶典當天，信徒會背著半圓形金屬製的贖罪架(kavadi)，架子以銳利的針和勾子掛在身上，或是貫穿舌頭、嘴巴。背負贖罪架的信徒，必須先經歷1個月的齋戒、禱告及冥想來做準備，當天則需走完3小時的遊行全程，參加者的家人親友會在一旁陪同。浩浩蕩蕩的遊行隊伍從實里尼維沙伯魯瑪興都廟(Sri Srinivasa Perumal Temple)出發，走到丹達烏他帕尼興都廟(Sri Thendayuthapani Temple)；從下午到傍晚，信徒都會在路旁等待，或是跟著遊行隊伍一同前進，新加坡警察也會在此時做好交通控管。

整場遊行隊伍，除了親朋好友外，清一色是虔誠印度信徒，氣氛好似真正到了印度般地熱鬧。雖說是贖罪的日子，但因遊行的隊伍配合著印度的熱鬧音樂，一邊行進、一路隨著歌舞搖擺，其實感覺更像是個嘉年華派對耶！

① 觀光客和本地客人擠得水洩不通的中國城，賣起了應景的新年春聯磁鐵。
② 入境隨俗，連奧地利香腸專賣店的老闆都換穿唐裝應景。
③ 中國城的過年應景商品。
④ 如同台灣的新東陽，新加坡的人氣臘肉店「林志源」，也是一到過年前夕就開始大排長龍。
⑤ 中國城的年貨大街攤位，販售新加坡特有的過年糕餅。
⑥ 中國城各式各樣的好彩頭蔬果攤。

看新加坡華人新年創意習俗

如果你以為凡是華人的新年活動，照理來說都是差不多的禮俗模式，那可就大錯特錯了；新加坡華人的過年方式，居然出乎意料地有創意。

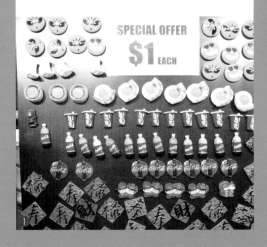

SPECIAL OFFER
$1 EACH

和台灣人一樣，每逢過年，新加坡人也是得大費周章地採購一番，為不同的親朋好友量身訂做，選出最適合、最貼心的拜年貨，目的就是要做到「送禮送到對方心坎裡」，而且這些禮盒果藍是過年前就得送出去的。

「橘子」好，「蕉」不行

到了過年期間，登門拜年時，「兩串蕉」當然是不可以的，但是「兩顆橘子」就沒有問題，可以高高興興地到對方家拜年啦！而且這橘子可不是要送給對方，而是在對方家裡另換兩顆橘子帶走，代表「有來有往」，討個吉利；然後再拿這兩顆橘子去下一個親朋好友家拜訪，就這樣一戶接著一戶地換下去。

新加坡式的拜年的目的，是為了討個好彩頭；因此過年期間走在路上，常常可以看到新加坡人拿著橘子到處拜年的景象。在這裡，一般華人過年送禮的文化還是存在，只是多

了交換橘子的方式，這是新加坡過年應景的特色習俗。

小小紅包發發發

在台灣，過年發紅包，內裝的鈔票大多在百元鈔到千元鈔的範圍；通常只發給親朋好友，對不熟的人不會特意給紅包。在新加坡，則偏向見人就發：不論是來到家裡拜年的客人，還是在外不期而遇的晚輩或孩童，統統都有獎。所以身為長輩者，隨時都得在身邊準備一些小紅包，以備不時之需。

到新加坡朋友家裡拜年，常會出乎意外地收到小紅包，內裝1元新幣的銅板或2元新幣的紙鈔。其實這和橘子一樣，過年嘛！大家都想要討個好彩頭，至於紅包袋裡究竟裝了多少錢，就別太在意啦！到新加坡朋友家拜年，可千萬別因為收到一兩元新幣的紅包，就罵人家小氣唷！當然，也別忘了入境隨俗，同樣準備一些小紅包，以便禮尚往來一番。

❶ 賣蜜餞的攤位，替每種蜜餞都取了有好彩頭的諧音名字。
❷ 過年前夕在小販中心販賣的魚生。
❸ 和一般尺寸紅包相較，小紅包在新加坡可是更加實用。

嘴甜菜香新年爽

另一種新加坡特有的過年習俗是「撈魚生」。「魚生」是一道混合了眾多材料的生魚片沙拉，裡面每一項材料都有它應景的諧音，代表新年的好兆頭；一般過年期間的公司聚餐及家族聚會，都少不了這道料理。

在大圓盤裡放上三色蘿蔔絲或綜合蔬菜絲，代表「風生水起」；澆上酸梅醬，代表「金玉滿堂」；撒上放在小紅包袋裡的五香胡椒粉，代表「鴻運當頭」；淋上花生油，代表「萬事如意、順順利利」；一般料理中用的是鮭魚生魚片，代表「年年有餘」；擠上酸柑汁，代表「大吉大利」；最後灑上脆餅，則是代表「滿袋黃金」。

通常在加上配料的同時，就要一邊唸出對應的好兆頭用語。像是灑五香胡椒粉的時候，就說出「一本萬利」；加花生油和酸梅醬時則說「甜甜蜜蜜」；放魚生(生魚片)的時候，要說「年年有餘」；撒脆餅的時候，必須唸出「滿袋黃金」。

「撈」出一整年好運道

等到材料都放上去以後，就開始「撈」魚生啦！這個「撈」字很重要，表示大家應該一起拿起筷子，把魚片和所有配料拌勻。撈的時候不用客氣，撈得越高越亂越好，這代表「步步高升」；如果撈到滿出來，則代表今年的好運好到滿出來；至於餐桌禮儀呢？等下一道菜再說吧！

下次有機會來新加坡過年，可別忘了在餐廳點這份熱鬧的年菜來應應景唷！

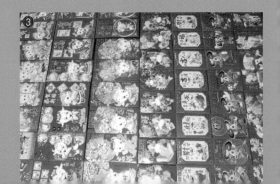

到新加坡朋友家拜年，可千萬別因為收到一兩元新幣的紅包，就罵人家小氣唷！當然，也別忘了入境隨俗，同樣準備一些小紅包，以便禮尚往來一番。

Step by Step

「撈」好運圖解

過年期間，幾乎所有的餐廳都少不了這道料理。如果懶得去餐廳，不妨打個電話，訂購一份外賣魚生吧！

照片裡就是向日本料理店訂購的外送魚生，價格約20到40元新幣不等；豪華版的還加入龍蝦，鮑魚，有數種不同組合，任君選購。

1 在沙拉上逐一加上配料。

2 鋪上鮭魚片。

3 最後灑上脆餅。

4 為了一整年的好運，瘋狂地攪拌它吧！

5 攪拌完畢，準備享用！

① 四國語言的禁菸告示。

② 宣導戒菸的明信片，勸導癮君子不要再吸菸，以免危害家人的健康。

③ ～ ⑥ 到處都有的禁菸或可吸菸告示，就連戶外的座椅上也有標示，只有在固定的區域才可以吸菸。

學 新 加 坡 人
拒 吸 二 手 菸

香菸一經點燃，沒有人能控制菸霧的流向；於是一人抽菸，旁人都得被迫分享。只有確實執行公共場所的禁菸令，不抽菸者的健康權才算有基本保障。

過去，不吸菸的人大概都有這樣的經驗：無論在公司長官同事聚首談話的場合，或是親朋好友聚會同歡的時刻，都可能有吸菸的人詢問一句：「我可以抽菸嗎？你介意嗎？」因為對方問得客氣，自己礙於場合與禮貌，實在也不好意思說：NO！畢竟這些場所不是禁菸區，大家有自己的自由。於是不吸菸的人，一次又一次吸入旁人的二手菸，這些難以避免的狀況，教人心中真是無奈。

不抽菸卻得「吸」菸的痛苦

台灣從2009年初，也開始實施娛樂場所的禁菸令，雖然反應不一，但是對於不吸菸的人來說，應該是有一分慶幸在心頭。回想在台灣還沒實施禁菸法令之前，跟朋友聚餐、去KTV或夜店，往往都得弄得一身菸味，回到家裡非得加倍清洗不可；但是長髮上的菸味，就算洗了也常會殘留好幾天。運氣差的時候，去的酒吧或Club通風設施不好，菸霧瀰漫的程度，甚至讓人感到難以喘息。

當時我就常在想：為什麼沒有人願意開一間禁菸Club或禁菸酒館，讓非癮君子的客人也能自在地享受Club和酒館的氣氛，不必再搭配難以忍受的二手菸味呢？結果到了新加坡後，真的讓我心中竊喜：理想中的消費環境終於出現了！

幾近全面禁菸的新加坡

新加坡一般凡是有空調的公共場所全面禁菸：2006年起所有用餐場所，包含開放式的小販中心也禁菸，唯有特定吸菸區可以吸菸；從2007年開始，舉凡餐廳酒吧統統禁菸，Club或酒吧則設有吸菸專室或室外吸菸區。

因為禁菸政策執行成功，讓新加坡的國家吸菸管理計畫(National Smoking Control Programme，NSCP)，在2008年得到WHO世界衛生組織的表揚，成為模範的健康城市。2009年初新加坡更擴大了禁菸範圍，舉凡電梯大廳、停車場、港口、飯店大廳、兒童遊樂場所、運動場所、沒有空調的購物中心、商家、辦公室(有空調的不用說，早就禁菸了)、建築物出口5公尺內的範圍，全都禁止吸菸。

因此，在辦公大樓等處的騎樓外圍會設有菸灰桶，癮君子可得走到這些規定範圍外，才能盡情吸菸。新加坡是眾所皆知的Fine City，若是違反禁菸規定，要罰款200元新幣，要是履勸不聽或影響執法，則罰到1,000元新幣。

全民合作才有好空氣

這樣的新政策，除了有便衣糾察糾舉不法外，其實還是得靠全體新加坡人的合作，才有可能順利地推行。看到這樣嚴格的規定，台灣的癮君子是否為自己感到慶幸呢？台灣是個美麗的寶島，與新加坡相較，有著更開放自由的風氣；但為了讓大家有更好的居住生活環境，是不是在實施新禁菸政策之後，愛好吞雲吐霧者除了抱怨批評新制度外，也能更加尊重身邊不吸菸的族群呢！

想了解更多新加坡禁菸及其他有關環境的資訊，請參考**新加坡國家環境局網站：**http://app.nea.gov.sg/cms/htdocs/category_sub.asp?cid=248#q6。

"

因為禁菸政策執行成功，讓新加坡的國家吸菸管理計畫(National Smoking Control Programme，NSCP)，在2008年得到WHO世界衛生組織的表揚，成為模範的健康城市。"

Look Around

真實戒菸者
心路歷程

在烏節路逛街時拿到的手冊，以為是百貨公司做的精美宣傳目錄，打開一看居然是宣導戒菸的真實故事。

所有真實案例現身。

案例一 因為小小年紀的女兒，居然開始學起媽媽抽菸的樣子，讓母親吃驚不已，決心戒菸。

案例二 因為抽菸所費不貲，為了滿足購物慾而選擇戒菸，把省下來的錢拿來血拼。

案例三 因為慢跑成績遲遲沒有進步，因而決定戒菸，讓體能狀況變得更好。

案例四 年僅20歲卻被誤認為30歲，反省之餘，決定省下買菸錢，花在美容保養上。

到東南亞旅行，正流行！

航程短、好便宜。

航程短，不用浪費寶貴時間耗坐在飛機上，只要有幾天假期，馬上就能出國度假！

好便宜，不景氣也別虧待自己，少少預算就能當大爺，spa、美食、設計精品、陽光沙灘，一次享有！

氣候相近、食物好吃、文化差異小，卻又能充分體驗滿滿的異國風情！

輕鬆度假，就趁現在！

 新加坡 陽光不打烊、專治鬱悶情緒的絕佳解藥

開始在新加坡自助旅行
定價／199元　作者／王之義

Traveller's新加坡
定價／380元　作者／王之義

新加坡
定價／350元　作者／劉代宜

 泰國 吮指回味泰好吃，東買西買泰便宜

Traveller's曼谷泰享受
定價／380元　作者／吳靜雯

開始在泰國自助旅行
定價／230元　作者／魏鑫陽

曼谷・芭達雅
定價／350元　作者／魏鑫陽

 越南
融入法式優雅的東方情調

 馬來西亞
殖民文化古城與新鮮玩樂創意集散地

 印尼
品味時尚的天堂級度假島

越南：胡志明市・河內
定價／350元　作者／吳靜雯

馬來西亞：吉隆坡・麻六甲・蘭卡威・檳城(附砂勞越・古晉)
定價／350元　作者／陳玉治

Traveller's峇里島
定價／399元　作者／游麗莉

學新加坡人過生活

作　　者　但敏
攝　　影　但敏

總 編 輯　張芳玲
書系主編　張敏慧
特約編輯　陳志民
美術設計　林惠群

太雅生活館出版社
TEL：(02)2836-0755　FAX：(02)2831-8057
E-MAIL：taiya@morningstar.com.tw
郵政信箱：台北市郵政53-1291號信箱
太雅網址：http://taiya.morningstar.com.tw
購書網址：http://www.morningstar.com.tw

發 行 所　太雅出版有限公司
　　　　　行政院新聞局局版台業字第五○○四號
承　　製　知己圖書股份有限公司 台中市407工業區30路1號
　　　　　TEL: (04)2358-1803
總 經 銷　知己圖書股份有限公司
　　　　　台北公司 台北市羅斯福路二段95號4樓之3
　　　　　TEL: (02)2367-2044　FAX: (02)2363-5741
　　　　　台中公司 台中市工業區30路1號
　　　　　TEL: (04)2359-5819　FAX: (04)2359-5493

郵政劃撥　15060393
戶　　名　知己圖書股份有限公司
廣告刊登　太雅廣告部
　　　　　TEL：(02)2836-0755　E-MAIL：taiya@morningstar.com.tw

初　　版　2009年09月01日
定　　價　299元
（本書如有破損或缺頁，請寄回本公司發行部更換）

ISBN：978-986-6629-50-1
Published by TAIYA Publishing Co.,Ltd.
Printed in Taiwan

國家圖書館出版品預行編目資料

學新加坡人過生活 / 但敏著 ――初版――
臺北市：太雅，2009.09

面：　公分. ――（世界主題之旅：58）

ISBN 978-986-6629-50-1（平裝）

1. 社會生活　2. 文化　3. 遊記　4. 新加坡

738.73　　　　　　　　　　　　98013687

掌握最新的旅遊情報，請加入太雅生活館「旅行生活俱樂部」

很高興您選擇了太雅生活館(出版社)的「世界主題之旅」書系，陪伴您一起快樂旅行。只要將以下資料填妥回覆，您就是「旅行生活俱樂部」的會員。

這次購買的書名是：世界主題之旅 **學新加坡人過生活**（Life Net 058）

1.姓名：＿＿＿＿＿＿＿＿＿＿＿＿＿＿＿＿＿＿＿＿ 別：□男 □女

2.生日：民國 ＿＿＿＿＿年 ＿＿＿＿＿月 ＿＿＿＿＿日

3.您的電話：＿＿＿＿＿＿＿＿＿＿ 地址：郵遞區號□□□＿＿＿＿＿＿
＿＿＿＿＿＿＿＿＿＿＿＿＿＿＿＿＿＿＿＿＿＿＿＿＿＿＿＿＿＿＿＿
E-mail：＿＿＿＿＿＿＿＿＿＿＿＿＿＿＿＿＿＿＿＿＿＿＿＿＿＿

4.您的職業類別是：□製造業 □家庭主婦 □金融業 □傳播業 □商業 □自由業
□服務業 □教師 □軍人 □公務員 □學生 □其他＿＿＿＿＿＿＿＿

5. 每個月的收入：□18,000以下 □18,000~22,000 □22,000~26,000
□26,000~30,000 □30,000~40,000 □40,000~60,000 □60,000以上

6.您從哪類的管道知道這本書的出版？□＿＿＿＿報紙的報導 □＿＿＿＿報紙的出版廣告
□＿＿＿雜誌 □＿＿＿廣播節目 □＿＿＿網站 □書展 □逛書店時無意中看到的
□朋友介紹 □太雅生活館的其他出版品上

7.讓您決定購買這本書的最主要理由是？
□封面看起來很有質感 □內容清楚資料實用 □題材剛好適合 □價格可以接受
□其他＿＿＿＿＿＿＿＿＿＿＿＿＿＿＿＿＿＿＿＿＿＿＿＿＿＿＿＿＿

8.您會建議本書哪個部分，一定要再改進才可以更好？為什麼？
＿＿＿＿＿＿＿＿＿＿＿＿＿＿＿＿＿＿＿＿＿＿＿＿＿＿＿＿＿＿＿＿

9.您是否已經照著本書開始旅行？使用這本書的心得是？有哪些建議？
＿＿＿＿＿＿＿＿＿＿＿＿＿＿＿＿＿＿＿＿＿＿＿＿＿＿＿＿＿＿＿＿
＿＿＿＿＿＿＿＿＿＿＿＿＿＿＿＿＿＿＿＿＿＿＿＿＿＿＿＿＿＿＿＿

10.您平常最常看什麼類型的書？□檢索導覽式的旅遊工具書 □心情筆記式旅行書
□食譜 □美食名店導覽 □美容時尚 □其他類型的生活資訊 □兩性關係及愛情
□其他＿＿＿＿＿＿＿＿＿＿＿＿＿＿＿＿＿＿＿＿＿＿＿＿＿＿＿＿＿

11.您計畫中，未來會去旅行的城市依序是？ 1.＿＿＿＿＿＿＿ 2.＿＿＿＿＿＿＿
3.＿＿＿＿＿＿＿ 4.＿＿＿＿＿＿＿ 5.＿＿＿＿＿＿＿

12.您平常隔多久會去逛書店？□每星期 □每個月 □不定期隨興去

13.您固定會去哪類型的地方買書？□＿＿＿＿連鎖書店 □＿＿＿＿傳統書店 □＿＿＿＿便利超商
□其他＿＿＿＿＿＿＿＿＿＿＿＿＿＿＿＿＿＿＿＿＿＿＿＿＿＿＿＿＿

14.哪些類別、哪些形式、哪些主題的書是您一直有需要，但是一直都找不到的？
＿＿＿＿＿＿＿＿＿＿＿＿＿＿＿＿＿＿＿＿＿＿＿＿＿＿＿＿＿＿＿＿

填表日期：＿＿＿＿＿年＿＿＿＿＿月＿＿＿＿＿日

太雅生活館　　編輯部收

台北郵政53-1291號信箱
電話：(02)2836-0755

傳真：**(02)2831-8057**
(若用傳真回覆，請先放大影印再傳真，謝謝！)

太雅生活館

有 行 動 力 的 旅 行 ， 從 太 雅 生 活 館 開 始